育儿沟通极简法则

HOW TO COMMUNICATE WITH YOUR KIDS

风铎＿著

中国妇女出版社

图书在版编目（CIP）数据

育儿沟通极简法则 / 风铎著. -- 北京：中国妇女出版社，2019.5

ISBN 978-7-5127-1717-6

Ⅰ.①育…　Ⅱ.①风…　Ⅲ.①家庭教育　Ⅳ.①G78

中国版本图书馆CIP数据核字（2019）第048450号

育儿沟通极简法则

作　　者：风　铎　著
责任编辑：李一之
封面设计：季晨设计工作室
责任印制：王卫东
出版发行：中国妇女出版社
地　　址：北京市东城区史家胡同甲24号　　邮政编码：100010
电　　话：（010）65133160（发行部）　　65133161（邮购）
网　　址：www.womenbooks.cn
法律顾问：北京市道可特律师事务所
经　　销：各地新华书店
印　　刷：北京通州皇家印刷厂
开　　本：165×235　1/16
印　　张：15
字　　数：200千字
版　　次：2019年5月第1版
印　　次：2019年5月第1次
书　　号：ISBN 978-7-5127-1717-6
定　　价：49.80元

前言 PREFACE

一次，在去深圳的火车上，旁边座位上的一位女士起身要去车厢连接处给手机充电，刚好我手上有一个充电宝，就递了过去。她对我说“谢谢”，然后我们就闲聊起来。聊天中我得知，她是一位年轻妈妈。当她知道我是学心理学的，又是做家庭教育的，就对我的工作很感兴趣。在详细地问了我工作的内容之后，她叹了口气：“的确，在教育孩子这个问题上，我老公应该多学学。”

这是大多数父母听说我的职业之后的第一反应，都觉得伴侣应该来学学怎么和孩子沟通。我微笑着，没说话。她不是我的来访者，职业病不能太泛滥。

“我老公对待孩子的方式太粗暴，动不动就打骂，一点儿耐心都没有。”

我知道，后面还有故事，于是面带微笑——保持沉默是我的职业习惯。

“那天我女儿只是不小心把一杯水碰翻了，他拉过女儿就打了一顿。”

“一开始是大声地凶她，大声凶了还不够，接着居然动手打她，真是过分了。我真担心女儿受到伤害。”

我忍不住插了一句：“你老公骂孩子的时候，你在做什么？”

女士的情绪更激动了些：“我当然是不让他打骂了，不过是打翻一杯水而已，好好说不就行了吗？又骂又打的，吓着孩子了。”

“可能你当时在阻止你老公，这也会让他有情绪的。”我说。

可这位妈妈根本不听我的，继续沉浸在自己的世界里：“有时候我觉得要不要他这个爸爸真的不重要！整天只知道玩游戏，每次孩子到书房去找他玩，他都敷衍了事，一边和孩子聊天一边玩游戏，眼睛一直不离开屏幕，连看都不看孩子一眼。”接着又是一顿数落。

我看了看表，反正时间还早，那就聊聊吧。

“你和老公在养育孩子的方式上的确有很大的不一样。”

“是呀，怎么能打孩子呢。”

“孩子不能说打就打。”

“男人呀，就是没有耐心。”这位妈妈的情绪平稳了很多，又说了一些现在孩子也不好养之类的话。然后她问我：“你比较专业，你来说说，是不是他做得不对？”

看到她平静下来了，我让她回到孩子打翻水的那个场景，从第三方的眼光，像看待别人的事一样去看待孩子打翻水这个事件。这个过程中这位妈妈变换了几次坐姿，深吸过几口气。我什么都没说，我知道，她的内心发生了一些变化。

夫妻在相处中，如果处理事情时总是用“我是对的，你是错的”“你应该这样做，不应该那样做”来交流，必定会让双方的沟通发展成战争，而且会愈演愈烈，最终不可调和。尤其是在对待孩子的养育方式上，不仅伴侣之间会有分歧，和爷爷奶奶、外公外婆，甚至身边的七大姑八大姨都会有方法和观念上的不一致，遇到这种情况，我们该怎么办？

比如在这位妈妈和她老公的问题上，作为母亲，她可能在养育孩子的时候比较柔和，不太赞成用打的方式来教育孩子。当然，打孩子肯定是不对的，但我们现在不讨论打孩子的行为，只是从养育孩子的过程中家长之间观点不一致这个角度来分析。对于爸爸来说，在爸爸的认知里，有他认为正确的养育孩子的理念；而在妈妈的观点里，有妈妈认为正确的养育孩子的理念。那谁的理念更好，谁的更正确呢？如果非要分个对错，那至少也不要在双方发生冲突的时候来理论，并且当双方都有情绪时，妈妈再去指责爸爸的方式不对的话，势必会让爸爸更不开心。

人人都有情绪，这很正常。当孩子把水打翻，爸爸发火了，发火可能只是爸爸对打翻水这件事情的一个反应，并不是针对孩子这个人。站在爸爸的立场上，也许对孩子发火之后心里已经觉得不对了，但是还没等爸爸对自己的发火做出下一步反应，旁边的妈妈就开始发飙了：你是什么人呀？怎么能这样对孩子呢？……于是爸爸的焦点就从刚才打翻水的这件事情转移到妈妈对他的态度上。但是爸爸知道妈妈是不好惹的，于是就可能将这股愤怒的小火苗引到孩子身上，甚至再去打孩子一巴掌也是有可能的。于是妈妈就更不依不饶了，由打翻一杯水引发的家庭大战拉开了序幕，妈妈甚至可能觉得这个男人不能再在一起生活了，想跟爸爸离婚。而事实上，一切的源头只是打翻了一杯水而已。

在这个过程中，这位妈妈是站在一个很高的高度，一开始对这件事情就有了一个评判，认为丈夫是不对的，认为朝孩子发火是不对的，不能对孩子发火。站在这个高度，戴上这副有色眼镜，那孩子和爸爸之间发生了什么，作为妈妈的她就看不到了。

人和人之间的博弈，不管是大人还是小孩，潜意识里都有想赢的成分。一旦开始论输赢，双方都会在自己的认知里搜索能够证明自己正确的论据，再加上各种情绪的不断升级，刚开始可能还说得比较有道理，到最后就演变成看谁比谁更无赖，谁比谁更恶毒，谁能把谁伤得更深。试问此情此景中，哪里还有亲情，哪里还有孩子，哪里还有无条件的爱？

男人和女人本来就是不一样的，各自对待问题和处理事情的方式也是不一样的，这是很自然的现象。当男人作为爸爸、女人作为妈妈的时候，处理问题的方式也是不一样的。如果妈妈总是指责爸爸，总是要求爸爸和妈妈一样对待孩子，那么孩子可能就缺少了感受爸爸男性能量的机会。或许爸爸在和孩子的互动过程中是“粗暴”了一点儿，但是你有没有发现，有的时候，在爸爸对孩子凶过之后，父子或者父女间的关系反而更好了？孩子是有分辨力的，孩子知道爸爸爱的方式和妈妈爱的方式是不一样的。

正因为爸爸妈妈有时候不一样，孩子才能够借此明白这个世界的多样性。相反，如果爸爸和妈妈在对待孩子所有的观念上都高度统一，对孩子来讲，可能不是件好事。

如果孩子的看法和高度统一的爸爸妈妈不一致，孩子可能就茫然了：为什么我的想法和爸爸妈妈不一样，是不是我有问题？这有可能是其成年后人格分裂的根源之一。家是一个小社会，对孩子来讲，家庭的氛围是孩子成年后进入社会的演练场。爸爸妈妈，甚至爷爷奶奶、外公外婆、七大姑八大姨给孩子创造的这个氛围，是孩子顺利完成向社会过渡的一个安全道场。在这个道场里，孩子能够看到，爸爸有的时候会凶我，奶奶有的时候会使劲儿喂我饭，外婆有的时候会让我多穿些衣服，爷爷高兴的时候会把我顶到头上。这都是爱。孩子也明白，不同的人，爱我的方式是不一样的，将来走上社会之后，孩子也会明白人和人之间是不同的，正是这样，这个世界才这么精彩。

听我说了这么多，这位年轻的妈妈沉默了一会儿，点头说道：“有道理，看来如何做父母的学问真大，我也应该好好学学！”

其实在养育孩子的过程中，大多数的父母和这位妈妈一样，包括当年的我，也很希望在育儿的路上能有一个前行的人给一些指引。

这也是我创作本书的初衷。

那么，本书到底包括哪些内容呢？

同样是一个班级的学生，为什么有的孩子学习成绩很好、情商很高，有的孩子就差一些呢？先抛开先天的遗传因素不讲，同样是在学校这个大环境里，为什么培养出来的孩子差异很大？

因为，作为家长，你给孩子创造一个什么样的家庭环境，直接影响孩子以后的成就。

所以，如何给孩子创造一个好的成长环境，如何给孩子的成长提供肥沃的土壤，是影响孩子一生的关键。而这个环境，不仅仅包括给孩子的吃穿用度，还包括日常生活中你的一言一行，以及与孩子每一次实实在在的互动。

大多数人，大多数时候，都在无意识地沿袭父母对待自己的方式来对待自己的孩子。或许有的家长已经认识到父母对待自己的方式是错误的，在养育孩子的时候拼命避免使用父母的方式。但是随着孩子的成长，你可能会失望地发现，你对待孩子的方式，与你父母对待你的方式并没有多大的差异！

那么，我们应该如何做父母呢？

本书教你先从认识自己开始，然后一步一步地调整自己，进而影响孩子。

你与孩子的沟通方式会极大地影响孩子的成长以及你们之间的关系。本书“沟通篇”会让你先看到自己和孩子以往的沟通模式，然后手把手地教你如何与孩子沟通，增进亲子之间的关系。

可能道理你都懂，可是面对孩子，你愤怒的小火苗还是忍不住噌噌地上升。本书“情绪篇”会带你认识情绪的来源，帮你看见情绪是如何产生的，进而教你如何将情绪与事件剥离，并且帮助你在事后同理自己，避免负面能量对你造成二次伤害。

人和人之间为什么会产生矛盾，你为什么总和你老公吵架？大多数时候，是因为对同样一件事情，你有一个看法，持有一个信念，你希望对方按照你的这个信念、这个想法来做事。但是对方对这件事情也有一个看法，也有自己的一个信念，而他也不愿意去改变自己的这个信念，于是矛盾就产生了。夫妻之间是这样，亲子之间也是这样。本书“信念篇”会教你分清“信念是信念，你是你”“你不是那个信念，那个信念也不是你”，然后再去转变这个信念，从而促进关系的和谐。

界限，是中国人最缺乏的，也是人际关系中最重要的。母婴之间是没有界限的，如果有界限，婴儿就无法生存；而成年人之间则应该有界限，否则人与人之间就会陷入纠缠不清的状态。很多国外的育儿理念非常好，但是在中国往往很难运用。中国人，尤其是孩子和母亲之间，往往到死都是纠缠不清。那么，你的界限完整吗？“界限篇”会引领你寻找答案。

我们常讲，育儿即育己，亲子关系是一面镜子，能够照见我们和我们父母的关系，也可以重修我们和爱人之间的关系。所以，通过养育孩子，能够让我们重新看待人和人之间的关系，修复这些关系。在这个过程中，不但能够让孩子拥有一个快乐的童年、丰盛的人生，也能让自己的生活变得丰富多彩。

愿这本书能够帮助你更好地支持孩子成长，愿天下为人父母者都能给予孩子正确的爱。

目录

CONTENTS

沟通篇 PART 01 与孩子进行有效沟通

信念篇 PART 03 相信孩子，相信自己

界限篇 PART 04 给孩子完整的成长

communication

PART 0

沟通篇

与孩子进行有效沟通

作为父母，我们希望和孩子之间保持一种充满爱意的关系，能相互信任、相互理解。可是，为什么我们明明深爱对方，却常常彼此伤害？是什么让我们无法将爱意传递给孩子，也无法接收到孩子内心深处对我们的爱？问题的关键就两个字：沟通。

法则一：
用爱的语言沟通

/沟通不是让孩子听话/

沟通，从字面意思上理解，“沟”就是两座山之间有个洼地，“通”就是架一座桥。一般来说，沟通需要两个人参与，一个人发起，另一个人回应。当然，我们也可以自己和自己沟通。尽管沟通无时不在，无处不在，但是矛盾和问题依然层出不穷。究其原因，有的时候是我们没有回应，或者回应错误，还有很多时候是因为我们只关注了“沟”的过程，而忽视了“通”的结果。

举个例子：

妈妈下班回到家中，两岁的点点非常高兴，兴奋地向妈妈扑了过来。一天没见到妈妈了，点点很想重新回到妈妈的怀抱中，享受那种亲密的感觉。可疲惫的妈妈却很想先休息一会儿，换身舒服的衣服再来陪孩子玩。于是妈妈随意地抱了一下点点，对他说：“宝宝乖，妈妈一会儿再来陪你玩。”然后就放开了手。

点点显然对妈妈的敷衍不满意，拉着妈妈的衣角不让走，并且哭了起来。妈妈只好又蹲下身子安慰了一下，接着想要离开。点点却变得更加不开心了，哭声也越来越大，并且开始躺在地上耍赖。这让妈妈非常不高兴，她非常严厉地说：“如果你不站起来，好好坐在那里等一会儿，我是不会再陪你玩的。”

看到妈妈发火了，点点更加伤心，甚至变得有些愤怒。于是孩子站起来朝妈妈走过去，用拳头朝妈妈的身上打。妈妈被激怒了，在她看来，孩子的这些行为是不对的，这样下去是会被惯坏的。

其实经过一整天的分离，孩子用很多行为向妈妈表达了“重新联结”的渴望，但是这些信息都没有被妈妈接收到。她试图用严厉的口吻、用指责和威胁来让孩子服从，却让孩子更加伤心，并且感到愤怒。哭闹、踢打也是孩子寻求联结的一种方式，却被妈妈误读为“这是不对的”“会被惯坏的”。

在这个案例中，妈妈没有理会孩子的感受。而孩子，尤其是小小孩，他无法判断大人当下的状态，有了情绪就会表达出来，并希望能得到及时回应。一旦没得到回应，他就会失落，慢慢地，情绪就会转化、升级，从而引起对方情绪的升级，继而出现双方的冲突。这种情况在亲子关系中非常常见，也是典型的“沟而不通”。

经常有妈妈忧心忡忡地对我说：“孩子越来越不听话了。”“他现在就这么不听话，再长大一些可怎么办？”

受传统文化和我们自己的成长经历潜移默化的影响，大多数人觉得，教育成功的标志之一就是孩子要听话。我们理所当然地把“这个孩子真听话呀”的评价当成是一种肯定，而当孩子不听话的时候，我们就觉得是我们的教育出了问题。

但是，孩子真的需要“听话”吗？我们再看看下面这个例子：

一个12岁的男孩，是被爸爸妈妈搀扶着来到我的工作室的。爸爸妈妈说，这孩子从7岁开始，突然走路总是斜着走，并且常常会莫名其妙地摔一跤。通过咨询我发现，孩子生活中的一切，父母事无巨细全都包办。小的时候用什么品牌的奶粉，穿什么款式的衣服，交什么样的朋友，到哪里玩、怎么玩，全都是爸爸妈妈说了算。从幼儿园到小学再到中学，都是父母选择的，甚至以后要读什么大学，选什么专业，父母都已经安排好了。对于生活的大事小事，他没有任何选择权。孩子说：“我没有感觉到我有腿，我都是被别人推着往前走的。”

这是一个很听话的孩子，却乖得连自己的路都不会走。虽然这个案例有点儿极端，但这种父母以爱之名行控制之实，剥夺孩子对于生活的自主性的例子，在我们身边比比皆是。小到吃饭穿衣，大到升学择校，我们动用各种手段来跟孩子对抗，让他们“听我的”。慢慢地，孩子不反抗了，听话了，可是他们先天的自主能力也被扼杀了。

更糟糕的是，在这个过程中，我们还伤害了另外一个更重要的东西——我们与孩子的亲密关系。很多患抑郁症的青少年，在学校成绩很好，在家也很乖巧，平时看不出有任何问题，可突然间就跳楼自杀了。他们用最决绝的方式来对父母一直以来的控制进行反抗，又何尝不是因为与父母的亲密联结完全断裂，觉得“生无可恋”？

可能又有父母要说了，那我们也不能事事依着孩子，生病的时候就是要吃药，天冷的时候就是要加衣服，学校就是要慎重选择呀！是的，我们说不让孩子事事“听我的”，说的是不能对孩子严加控制，而绝不是任由孩子自行其是，完全不加干涉。我们反对的是以爱之名行控制之实。

回想一下，我们是不是经常把这些话挂在嘴边：

我不管别的孩子在家是什么样的，你现在必须马上睡觉；

不许那样和妈妈说话，妈妈都是为了你好；

如果你现在不把玩具收好，我就把它们全扔掉；

你应该这样——你不应该那样——

当我们用这种方式与孩子沟通时，结果往往是：孩子要么自行其是，对父母说的话当没听到；要么就与父母争辩，试图证明我们要求得不合理；要么就假意服从，然后找机会让我们陷入更大的麻烦。

那么，能不能有一种沟通方式，既不伤害亲子关系，又保护孩子的自主性，还能远离冲突、让双方都满意呢？

学会用爱的语言进行沟通，是教育过程中非常重要的一点。耐心的、充满爱意的沟通有助于健康的依恋关系的形成，对于建立相互信任的亲子关系尤为重要。这种沟通需要双方彼此尊重，真正理解对方的感受和需求，积极地回应对方。而现实生活中，我们的内心充斥着自己的各种想法和感受，不自觉地在对话中传递着各种要求与控制，令“沟”与“通”之间存在着一条鸿沟。

/避免“沟而不通”的回应方式/

在学习正确的沟通方式之前，我们需要反观一下自身，首先认识并剔除错误。造成“沟而不通”的主要有如下3种常见的回应方式：

错误方式1：没有回应

没有回应也叫“对牛弹琴”。 比如双方冷战时，一个人说话，另一个人不理睬；比如孩子放学回家，跟妈妈说：“妈妈，我回来了。”而妈妈可能正沉浸在自己的情绪里，或者正在做她认为更重要的事情，对孩子的话一点儿反应也没有。

这种情况在夫妻之间比较常见。往往是妻子话很多，而先生不愿意回应，一直拿着手机玩，或者专注于自己的事情不予理睬。妻子会觉得好像跟木头讲话一样，很没意思，慢慢地就不再与先生沟通了。亲子之间这种回应的方式比较少，一旦经常发生，对孩子的伤害是巨大的，他会觉得这个世界过于冷漠而慢慢关闭自己的心门，不再愿意与父母沟通。

错误方式2：无关回应

无关回应也称为“意识入侵”，指父母带着自己的观点去回应孩子。这种回应是大多数父母最常用的沟通方式，用了之后还常常处于无意识的状态。常见的无关回应有：提供建议、说教规劝、逻辑辩论、分析诊断、同情安慰、调查质问、转移注意力等。

什么意思呢？我们看几个例子：

儿子：我今天跟文文打架了。

妈妈：去告诉老师呀。（提供建议）

儿子：我今天跟文文打架了。

妈妈：早就跟你说过了，打架是不对的。（说教规劝）

儿子：我今天跟文文打架了。

妈妈：小孩子之间必须学会友好相处。（逻辑辩论）

儿子：我今天跟文文打架了。

妈妈：一定是因为你惹恼他了，他才会与你打架。（分析诊断）

儿子：我今天跟文文打架了。

妈妈：所有的孩子都难免经历这样的事情，别难过了。（同情安慰）

儿子：我今天跟文文打架了。

妈妈：你为什么要和他打架？（调查质问）

儿子：我今天跟文文打架了。

妈妈：肯定打赢了，来，吃一个鸡腿！鸡腿好吃吧，哈哈哈……（转移注意力）

是不是都很熟悉？你可能觉得很正常，实际上，当你用这些方式回应孩子时，就如同戴上了有色眼镜，你所看见的孩子，并不是这个真实的孩子。

A.提供建议

这是最常见的一种回应方式，告诉孩子应该怎样解决一个问题。上面的例子中，孩子告诉妈妈，他跟文文打架了，妈妈让他去告诉老师，就是直接给孩子提供一个解决方案。类似的表达还有“你可以不跟他一起玩呀”。孩子与小伙伴打架了，可能正难过呢，也许需要的不过是一个拥抱，或者正想着怎么样才能与小伙伴言归于好。这时候，妈妈提出自己的建议，孩子要么觉得妈妈不理解他，要么就听妈妈的话去找老师，或者从此不与小伙伴玩了。如果我们习惯于在孩子遇到问题时提供建议，就是在不停地暗示孩子：你不行的，你解决不了这个问题，妈妈比你强，爸爸比你强。慢慢地，孩子就会觉得：我是不行的，遇到问题，我只能找爸爸妈妈，只有爸爸妈妈才能帮我解决问题。长此以往，孩子自己解决问题的动力和能力都会慢慢丧失。同时，因为解决方案是爸爸妈妈提供的，不是自己想出来的，如果这个方案不管用，或者是造成了不好的后果，孩子也会理直气壮地说：“是你要我这样做的呀。”这样的孩子长大后也没法为自己的人生负责。而如果方法奏效，孩子下次还会来找大人拿建议，因为这样轻松快捷。那些长期依赖父母的孩子，甚至成年后还啃老的孩子，几乎都是被父母这样养大的。

在孩子遇到问题的时候，我们急于提供建议和解决方案，很大程度上是因为我们不想面对孩子的情绪，希望赶紧找个法子把事情解决了。在孩子当下的世界里，他遇到的问题无非是昨天跟哪个小朋友打架了，今天哪个小朋友不理我了，丢了一块橡皮，找不到心爱的玩具了，等等。这些在我们看来不值一提的事情，在孩子小小的世界里，却可能酝酿着很大的情绪风暴。我们随口一个建议就将他们草草打发，看起来问题是解决了，孩子的情绪却淤堵在心里。我们都有这样的体验：你想和对方说一件事情，还没说完呢，对方一大堆建议就出来了。这时你会觉得心里堵得慌，甚至会有些愤怒：“这些难道我不知道吗？还需要你来说吗？”情绪经常被堵截的孩子也是这样，往往焦虑易怒，因为对方的回应不是他想要的，他有不舒服的感觉，但又说不上来为什么，会有一些莫名其妙的愤怒压抑在身体里，长此以往，很容易情绪失控。

B.说教规劝

说教规劝也是我们常用的一种回应方式，即告诉孩子应该怎么做，或者不应该怎么做。就像上面的例子中，孩子说跟小朋友打架了，妈妈马上就有了一个评判：打架是不对的，你不应该和小朋友打架。又比如，孩子说：“朵朵今天不愿意跟我玩，我恨她。”这其实是很正常的情绪流动，但妈妈一听这话就又紧张了：怎么能随便就恨一个人呢？于是，开始劝导孩子，那样想是不好的，小孩子哪里有什么恨呢？你应该想办法让她和你一起玩呀，等等。这种劝导里有一种评判，很容易让孩子产生一种内疚感，他会觉得“我是个坏孩子，因为我恨了别人”。父母的这种评判会慢慢内化成孩子内心的声音，会让他习惯于自我否定。同时，这种回应方式也很容易被孩子拒绝。因为不管在何种情况下，当孩子被告知“必须”“应该”或者“最好”改变他们的行为时，他们都会产生抗拒心理。

有些父母会说，那有时候孩子就是做错了，难道也不应该去讲道理吗？难道不应该让孩子知道错了吗？人生有很多道理就是要学的呀。没错，孩子在成长路上需要懂得很多道理，但是这些道理不是从父母的说教中学到的，应该自己去体验、去经历，让他经受些挫折，他慢慢就会具有独立思考、独立判断的能力。我们给孩子讲道理，他也许会听，但是他内心会觉得内疚或者负罪，会觉得我怎么这么笨啊，我又做错了。我们都有这样的经验，一个道理说的次数多了，孩子会本能地抵触，会不耐烦地说：“你又来了，你又来了。”长期说教的父母，和孩子的关系会越来越远。因为你说的是你的道理，不是孩子认可的道理。

C.逻辑辩论

逻辑辩论是试图用事实、辩论和逻辑信息来影响孩子。有些高知父母，将与孩子的日常交流变成了辩论会，常常口若悬河、旁征博引，以证明孩子的某些行为是错误的。在这样的家庭长大的孩子，常常争强好斗，一点儿小事也会跟人争得面红耳赤。

我就曾经遇到过这样一个孩子，无论你讲什么，他都要加以辩驳，即使他一时间不知道要如何反驳，也会站起来摸着自己的脑袋："等一等，老师，我总觉得哪里不对，让我想一想。"他是必须要找出一个理由来证明我讲得不对。他的知识面的确很广，口才也好，但这种凡事都要争个高下对错的性格实在让人有些吃不消。后来，我又见到了他的妈妈，这位妈妈和孩子一样，我讲的东西她总想着反驳。我就知道，孩子的这种思维方式受妈妈影响很大。

我们并不是说逻辑辩论不好，它是一项很重要的能力。但是在日常交流中，尤其是亲子交流中，如果你总想证明自己是对的，就没法站在对方的角度看问题，交流很难深入下去。更重要的是，喜欢用这种方式与孩子交流的父母，总有一天会觉得，你已经辩不过孩子了，并且他根本听不进不同意见，往往一意孤行，在人际交往中难免受挫。

D.分析诊断

当孩子遇到了问题，直接说出孩子的动机，或者分析他为何这样做。说出这样的话，表示你已经看透了他，弄清了问题的所在。例如，"你没有约会是因为你太害羞了。""你那样说只是因为你很嫉妒他的成功。"……如果父母的分析或解释刚好是正确的，孩子可能会因为自己的内心被看透而感到尴尬；如果父母的分析或解释是错误的，孩子则会因为受到不公平的指责而感到愤怒。

E.同情安慰

在孩子遇到问题时，对孩子表示同情安慰，尽力让他好受一点儿，这也是父母经常使用的一种回应方式。例如，孩子跟小伙伴打架了，我们告诉他每个人都难免遇到这样的事情，让他别难过了；孩子走路摔了一跤，哇哇哭了起来，我们拍拍他说别哭了，一会儿就好了。这看起来是一种安抚，其实是对孩子情绪的一种否定和堵截。

有些妈妈觉得很难理解：孩子摔跤了，遇到挫折了，哭了，我们做父母的表示一下同情和安慰也不行吗？不是不行，而是以什么方式来表达。如果孩子摔倒了，哭了，我们抱抱他，拉拉他的手，摸摸他的背，什么也不说，让他尽情地哭泣，这也是一种表达。但我们通常的同情安慰是想让孩子尽快止住眼泪，隐藏的心态是：这有什么好哭的？试想一下，孩子摔了一跤，觉得很疼，就哭了。本来哭一哭，这种伤心难过的情绪就流动了，释放掉了。可是妈妈却不让孩子哭，于是孩子会觉得这种情绪是不好的，是不被接受的。长此以往，孩子觉得难过时，就会拼命压抑自己的情绪。但是我们知道，这些情绪并没有消失，它只是沉入了潜意识，那是我们无力控制的领域。那些被压抑的情绪总是蠢蠢欲动，很容易不受控制地喷涌而出，这就是为什么不被允许哭的孩子往往情绪暴躁，一点儿小事就会“爆炸”。即便不“爆炸”，孩子也会寻找其他的出口来释放，例如生病，或出现打架、逃学、早恋等偏差行为。

F.调查质问

这种回应方式是通过各种追问，试图获得更多的信息，来帮助孩子解决问题。这种无视孩子意愿的追问会传达不信任感，常常会引起孩子的反抗，尤其是当他们不理解父母为什么要这样问时。

很多父母就觉得奇怪了，难道为了了解更多的细节，对孩子进行追问也不行吗？如果不了解更多的细节，我们怎么帮助孩子来解决问题呢？就像医生看病的时候要经常问细节一样，这样才能更精准地判断病情、开出处方呀。我们说这种方式不好，是因为父母询问时会常常带着训斥的口吻，例如，“你怎么连这么简单的事都不会？”“这次考得这么差，到底是怎么回事？”……这样的质问常常会引起孩子的反感，本来想说的也不肯说了。并且这种追问会迫使孩子按大人的思路走，最终导致孩子也忘记自己真正想表达什么了。

比如，孩子说“我今天跟文文打架了”，而你的回应是“你又欺负文文了”或“文文受伤重不重”。其实孩子可能想表达的是“尽管我跟文文打架了，但我们还是好朋友”或者“我跟文文打架了，心里有些不舒服，但我说出来，心里就会好受些”，仅此而已。这种追问会让孩子按你的思路回答问题，甚至把孩子的思路带到你的方向上去。这就是我们常说的沟通不在一个频道上。

G.转移注意力

这种回应方式也是我们经常用到的。比如，孩子在哭，马上递给孩子一个玩具或者一袋零食，将孩子的注意力从正在发生的、让孩子哭的这件事情上转移开来。转移注意力意味着孩子当下遇到的这件事情是不重要的，进而孩子也是不重要的，会造成孩子的低价值感。同时，转移注意力也是一种逃避，意味着当下这件事情我解决不了，是可以不去面对的。成年之后，孩子遇到问题时，也会选择逃避，而不是去积极应对。

错误方式3：情绪逆转

所谓情绪逆转，是指当孩子正处于一种情绪中时，父母用一种更加强烈的情绪阻止孩子情绪的自然流动。情绪化或者权威型的家长常常选择这种回应方式。这种回应方式的危害更大，长期被“情绪逆转”的孩子会变得叛逆，喜欢和身边的人对着干。情绪逆转包括命令指挥、警告威胁、否定责备和赞美赞同。

A.命令指挥

告诉孩子去做某事，给他一个命令。例如，当孩子磨磨蹭蹭不肯上床睡觉时，爸爸对孩子说：“现在立刻上床躺好，睡觉！”孩子不想睡觉，可能是想和爸爸妈妈多待一会儿，可能是有什么心事想说又说不出口，也可能就是还不困想多玩一会儿。当爸爸用命令的口吻对孩子说话时，是没有爱的流动的。这种命令意味着：不管你有什么样的感受和需求，都是不重要的，爸爸说了才算。孩子可能屈服于家长的权威，但内心一定是有怨气的。当他长大了，有了与家长抗衡的力量时，就会反抗。当然也有一种可能，就是他真的屈服了，小时候屈服于家长的权威，长大了屈服于上司的权威，一辈子唯唯诺诺，活在别人的阴影里。

有些父母发现孩子长大后很难为自己的行为负责，可能正是因为父母回应孩子的方式总是命令和指挥，导致孩子没有做事的主观能动性。孩子即使把事情搞砸了，也会把责任全部推到父母的身上——是你让我这样做的呀。

B.警告威胁

告诉孩子，如果他做某事会有什么后果。这个也很容易理解，比如，“如果你那样做，你会后悔的。”“你再不收拾玩具，我就把它们全都扔掉。”“这么晚了还不上床，再磨磨蹭蹭的，当心我揍你。”……这样的回应方式会让孩子觉得父母并不爱他，对孩子的安全感是极大的伤害。经常使用警告威胁的家长还可能会发现，当孩子很小的时候，这招会很管用；等孩子大些了，就会一点一点地试探大人，看大人会不会真的那样做，一旦发现大人并没有如威胁所说的那样做时，孩子就不再听大人的了。

C.否定责备

对孩子做出一个负面的评价或判断。例如，“你这样做是非常不体谅别人的。”“你怎么这么不懂事？”……事情出错时，大多数人都会自动开始指责别人，这种回应方式是如此习以为常，我们甚至都不会注意到。

我们通常认为，当我们责怪孩子的时候，是在做一些积极的事情，是在让对方做出解释，并教会他承担责任。但如果孩子在一个充满指责的家庭中长大，会更加戒备，更加倾向于自卫、指责和攻击，而不是承担责任。同时，当孩子被评判或被责备时，常常会感到内疚和懊悔，会觉得自己不够好，是坏孩子。而由于童年时期形成的自我评价有可能会被带入成年时期，因此这种否定性的评价会给一个人带来终生无法消除的障碍。

D.赞美赞同

对孩子做出一个正面的评价或判断。有些父母特别不能理解，为什么赞美赞同也是一种不当的回应方式呢？我们这样做难道不是可以增强他们的自信心吗？事实上，赞美常常暗示着父母对孩子的期待值很高。比如，孩子考了100分，你说：“你真是太棒了，得了100分！”听了这样的赞扬，孩子其实会有很大的压力，想着下次也要考

100分。如果没有做到，他可能就会焦虑，会自我否定，会担心妈妈会不会不爱我了。

另外，当父母的赞美与孩子心中的认知不相符时，会造成孩子对自己认知的怀疑和焦虑。比如，孩子画了一幅画，爸爸走过去说：“儿子，这幅画画得真是太棒了。”如果孩子刚好也认为这幅画很棒，那么他可能会有点儿得意。但是如果孩子并不认为自己的画很棒，则会出现两种结果：第一，孩子会觉得爸爸很假，爸爸根本不关心我，爸爸在敷衍我；第二，孩子会想，我不觉得我画得好呀，为什么爸爸觉得我画得好？难道是我对画的审美有问题吗？难道我的判断是不准确的吗？造成孩子对自我的认知能力产生怀疑。

还有一种情况，孩子会发觉你在用这种赞美给他“下套”。你为什么要赞美孩子画得好呢？其实你并没有真正欣赏这幅画，你只是想让孩子继续画下去，你希望孩子一直有这样的表现。你的赞美是有期望的，那孩子也能感觉到。如果你总是这么做，孩子就会产生抗拒——凭什么呀，你一句话就要我一直这么做。

总结起来，以上这些回应方式阻碍我们和孩子沟通，还会对孩子的性格造成影响。我们应该明白，我们与孩子的每一次沟通，都进一步定义着亲子之间建立的关系。沟通对于孩子以及亲子关系，可以是建设性的，也可以是破坏性的。大多数时候，上面的这些回应方式会给孩子及亲子关系造成破坏性的影响。这种影响包括但不限于以下这些：

引起孩子的防御；

促使孩子争辩；

让孩子觉得自己很差劲，不如别人；

让孩子愤恨恼怒；

让孩子有罪恶感或者心情不好；

让孩子觉得不被接纳；

让孩子觉得父母不相信自己有能力解决问题；

让孩子觉得没有人懂自己；

让孩子觉得自己的话题被打断了；

让孩子感觉很失望；

让孩子觉得被审问；

让孩子觉得自己的事情别人不感兴趣。

当然，我们并不是说，在日常交流中，我们完全不能采取这些回应方式。我们强调的是，当孩子处于某种情绪中时，我们应该尽量避免这样的回应方式，因为它会阻碍孩子情绪的正常流动，让他感到内疚或无能，引发孩子的自我防御机制，让沟通无法继续下去。

法则二：
解码孩子传达的信息

为了与他人沟通，我们需要接收对方发出的信息，并进行回应和处理，识别这些信息背后的含义，这对沟通来说非常重要。这些信息包括语言信息和非语言信息。前者很容易理解，含义也很直白，而后者，即所谓的非语言信息，则可能包括很多的含义。

/捕捉孩子的非语言信息/

非语言信息是指目光注视、面部表情、肢体动作、语音语调等，在沟通过程中，或伴随语言内容一起出现，作为语言内容的补充、修正，或独立出现，具有独立的意义。不论如何出现，非语言信息在沟通中都起着非常重要的作用。通过非语言信息传达的感情往往比语言更多、影响力更大。例如，在谈话过程中，我们会借助于一个手势、一个眼神、一个动作，或者突然提高声调、重点突出某个词语，让对方更加清楚我们想要表达的意思。还不会说话的婴幼儿更是只能用微笑、哭泣、动作或者咿咿呀呀声来表达他们的诉求。可以这样说，不理解非语言信息所传递的含义，我们就很难准确地回应对方的需求。

有一天，孩子的老师打电话告诉我，孩子在学校和同学发生了不愉快，他当时情绪特别激动，看起来有些痛苦，老师让我在孩子放学回家后好好安抚一下他的情绪。可是等孩子回家后，我和他谈起这件事情，他非常平静地回应我："这件事已经翻篇了，我不会再和他做朋友了，我真的不在乎。"说这话的时候，他的眼睛看着窗外，似乎很淡漠，但是他的身体在微微颤抖，牙齿不时咬着嘴唇，眼里还有泪意，我能感觉到他在努力控制自己的情绪。

很显然，回想起与同学的冲突让孩子非常痛苦，但他用语言传达的信息却平静而理智。如果忽视非语言信息，我们可能就会在孩子紧闭的心门前止步，无法弄清到底发生了什么。对于沟通双方来说，非语言信息的作用是相互的，同样，父母表现出来的非语言信息也能给孩子带来影响。

看到孩子正准备爬上梳妆台，妈妈温柔地叫着孩子的小名：“豆豆，过来。”同时身体蹲下来做出拥抱的动作。孩子看了一眼梳妆台，又看了一眼妈妈，然后乐呵呵地朝妈妈跑去。

同样，另外一位妈妈看到孩子正要爬上梳妆台，马上停下来，身体站得很直，面部表情严肃，目光直视孩子，放大嗓门，大声叫着孩子的名字：“豆豆，过来！”正沉浸在自己世界里的孩子听到妈妈的叫声，身体一颤，回头看了看妈妈，“哇”的一声哭了起来。

同样的场景，两个妈妈说出来的语言信息都是“豆豆，过来”，为什么两个孩子表现出来的结果不一样呢？因为两个妈妈除了传递语言信息，还传递了大量的非语言信息。非语言的行为在沟通中传递了大量的信息，除了我们口头表达出来的，非语言信息几乎包括了人际交往中所有的行为，并且在我们和孩子沟通的过程中起着重要的作用。比如，年幼的孩子第一次见到蛇的时候，会觉得很好玩，甚至会拿起蛇咬一咬、摸一摸，但是如果孩子看到妈妈惊恐的表情，他就会把蛇和妈妈的表情联系到一起，那么下次当这个孩子看到蛇的时候也会露出惊恐的表情，并且不再靠近。

孩子是通过妈妈认识这个世界的。除了妈妈所说的话，妈妈的动作、妈妈的表情，甚至妈妈的心理变化，都在影响着孩子。而除了我们口头表达出来的信息之外，其他向孩子传递的信息，都叫非语言信息。

非语言信息一般由以下方面组成：

A.面部表情

面部表情是人们的情绪和情感状态的外显，不管你是什么地方的人，使用哪种语言，面部表情基本是一样的：高兴时嘴角会上扬，眼睛也会眯起来；不高兴时面部肌肉会收缩，眼睛也会耷拉下来。

孩子正是通过这些面部表情来认识和了解这个世界的。刚出生的婴儿会将母亲的表情与外面的世界结合起来，然后内化成他对这个世界的认知。并且，人类能够在0.75秒或者更短的时间内辨别出喜悦、悲伤、厌恶和惊讶等表情。所以在和孩子沟通的时候，有的父母常常会有意夸大面部表情，因为他们发觉这样互动更能引起孩子的注意。

B.目光注视

沟通中更多的目光注视，不仅能够表达出对对方的兴趣，还能传递对对方的爱。不论是成人之间的沟通还是亲子之间的沟通，都能让对方感到“被爱”。

如果你留意一个六七岁的小男孩，当你和他目光对视的时候，这个小男孩很少去看你的眼睛，或者是目光飘忽不定，那么基本可以判断这个孩子已经失去对成年人的信任了，这可能是因为在日常生活中他被否定、被打击的次数比较多。

所以，亲子之间沟通的时候，目光的对视显得非常重要。当你觉得有非常重要的事情和孩子说的时候，不妨蹲下来，平视孩子的双眼，慢慢说出你的想法。

C.肢体动作

面部表情和目光注视指的是脖子以上的部分，而肢体动作作为脖子以下的部分，在沟通中也起到很关键的作用。

比如，当你很愤怒的时候，你的身体肌肉可能会紧绷，甚至还伴随着微微的颤抖，双拳紧握；而当你很开心的时候，你可能会全身放松，四肢也会很自然地放在身体两侧；当你抱起双臂，说明你现在对外界持拒绝的态度；当你身体姿势开放，说明你对现在的情况是接纳、允许的。

如果你留意你的孩子，对比他三岁左右的身体姿势和七八岁之后的身体姿势，会发现有很大的不同。三岁左右的孩子走路可能昂首挺胸，身体呈开放状态，这样便于尽可能多地占有空间，更好地探索和感受这个世界，这个时候的孩子是和天地融为一体的。而七八岁的孩子几乎很少能有这个身体姿势了，他的身体姿势一般会微微收拢，甚至有的孩子会把腰弯下来，背部微微弯曲。因为这个年龄段的孩子已经开始有了对这个世界的认知，已经开始把自己和外面的物质世界分开，开始知道自己不是这个世界的中心，开始思考一些问题，这些都会给他带来压力甚至恐惧，所以他会把身体收拢，尽可能少占空间。

还有一些孩子可能是在家庭和学校中感受到压力，这个压力可能来自父母，也可能来自社会其他方面，还可能来自自身对这个世界的认知，他也会把身体收拢，窝在自己的小世界里。

父母在与孩子沟通的过程中也可以检查自己的身体状态，进而判断自己目前所持的态度，甚至可以尝试改变自己的身体状态，然后和孩子沟通。比如有意识地放松身体，调整姿势呈开放状态，然后再去和孩子谈话，可能会收到比较好的效果。

D.身体触碰

身体上的触碰包括日常生活中的握手、拥抱等。握手时对方的情绪，甚至是握手的姿势，都可以传递对方对你的态度是欢迎还是拒绝的信息。亲子之间的身体触碰传递的信息比成年人礼节性的触碰所传递的更大更多，甚至会对孩子成年之后的生活有直接的影响。

最初，胎儿在母体中，全身被羊水包围，全身的肌肤和羊水触碰，那种感觉是很轻柔、很温暖的。而当胎儿经过狭窄的产道离开母体之后，肌肤接触的是冰冷的空气，那种感觉跟被羊水以及妈妈的身体包裹的感觉是不一样的。所以对孩子来说，被妈妈抚摸和拥抱是让他获得安全感最好的途径。一个从小被妈妈经常抚摸的孩子，成年之后和父母拥抱以及和爱人亲密都是很自然的事，也会享受这个过程。而如果在童年没有得到妈妈足够的抚摸，成年之后可能会很排斥身体的触碰，或者是对身体的触碰很敏感，很难享受身体触碰的愉悦，甚至可能会影响两性关系。常见的小儿推拿、捏脊以及借助精油按摩，都能起到很好的身体触碰、传递爱的作用。当然，爸爸也可以参与其中，爸爸的拥抱更能给孩子力量感。

E.距离远近

青春期的孩子可能不再喜欢被拥抱、被抚摸，这个时候身体上的触碰会减少，而这个时候和孩子沟通时，身体之间的距离也能传递一些信息。

两个人如果面对面近距离站着，他们之间的关系有两种可能：要么是比较亲密，要么是相互仇恨。但是如果站的距离很远，强烈程度就会减弱很多。所以身体上的距离也在传递两个人之间亲密或者仇恨的程度。一般来说，从胸前向外延伸46厘米，这个距离是亲密区；46厘米～1.2米是人际区，朋友或者一般的熟人交谈是在这个区域；1.2米～3.7米是事务区，超过3.7米就是公共区。当要和孩子谈一些比较重要的话题的时候，父母不妨以此为距离参考。

特别对于刚出生的婴儿来说，这个时候他的视力还没有达到成人的水平，大约只能看到15厘米～20厘米的距离。这个距离刚好是乳房到母亲的脸的距离，所以婴儿常常会一边吃奶，一边望着妈妈。这个时候妈妈用眼神回应孩子，同时配以面部表情和孩子互动，就显得非常重要。如果这个时候妈妈总是沉浸在自己的世界或者是在忙自己的事情，那么孩子成年后可能会变得很孤僻。

F.语音语调

说话的节奏、音调的长短、声音的高低和语速，都在传递一定的信息，这个部分不像前面5种非语言行为的无声无息。比如，说“我爱你”这3个字，字面传达的是爱意，但是如果音调拖得很长，并且语调向下走，可能传递的是敷衍；快速地说出这3个字，配上恶狠狠的表情，可能表示的是愤怒；故意用尖细的嗓音说出来，可能表示的是戏谑。

在沟通的过程中，非语言信息一般不会单独出现。比如，妈妈给孩子喂奶的时候，传递信息的过程可以用目光注视，同时配以面部表情，而本身的拥抱就是身体的接触，另外还可以通过语言来和孩子互动，声调柔和地传递妈妈的关爱。对于父母来说，了解非语言信息，可以更好地捕捉到孩子想要表达的，同时反馈给孩子，表达父母的接纳和理解。

/区分干扰项，了解信息背后的含义/

一群孩子在游泳池里玩，一个小男孩总是用水泼洒几个小女孩，小女孩发出尖叫，纷纷躲避并回击，小男孩则兴奋地追赶这些小女孩，引来很多大人的关注，而这让小男孩更加兴奋。不一会儿，小男孩的妈妈过来了，大声呵斥小男孩停下来。小男孩被呵斥后，一边嘿嘿地笑，一边停了下来，偶尔还朝小女孩们泼一下水。

对于小男孩来说，当他正处于兴奋状态的时候，他是不知道停下来的。旁边大人注视着他，他们可能是觉得这个小男孩太皮了，应该规矩点儿，但是对于小男孩来说，他可能觉得大人的注视是在欣赏他的行为，这让他玩得更起劲儿，这是小男孩信息传递的干扰项。对于小男孩的妈妈来说，看到自己的孩子在泳池里追赶小女孩，她担心会影响到别人，还担心别人因此认为她不是一个好妈妈，这些是她的信息传递干扰项，所以她采取的办法是大声呵斥自己的孩子。

而真相可能是：孩子们本来是很喜欢玩水的，因为在水里能唤起孩子们在妈妈母体里被羊水包围的感觉。在这种氛围下，孩子们感觉是很安全、很舒服、很快乐的。由此激发起了男孩的情绪，也许平时性格很温柔的小男孩，这个时候会变得调皮一些。而小男孩追打小女孩，小女孩发出尖叫声四处躲避，这本来就是人类最原始的一个游戏。在这么安全舒服的氛围里玩这么一个原始的游戏，不管对于小男孩还是小女孩来说，都是一种情感和情绪的释放，处在游戏中的孩子们是很开心的。如果大人们理解这些，对于这样的游戏就不会感到担心了，因为这是没有伤害的，并且对孩子们来说还是很好的互动。如果你留意，孩子们玩这个游戏的时候是有分寸的，一般不会影响到身边的大人。如果父母还是不放心，可以告诉孩子一个范围或者是守着某一个区域，也可以把孩子带离游泳池，而不是简单地进行呵斥。

再比如，孩子跑过来对妈妈说："妈妈，我不想去上学了。"孩子可能是通过这句话来表达对妈妈的依赖和不愿意分开，但是妈妈听了这话，可能会觉得"这个熊孩子又来给我捣蛋"。这就是传递者和接收者之间信息交流中存在的差异。伴随着这句话，可能孩子还表现出了很多其他的非语言信息，比如紧张地捏衣角，或者是讨好地抱住妈妈。这些信息背后，可能是表示对去学校的不安，也可能是表示对妈妈的不舍，这些才是孩子真正想要表达的。而对于妈妈来说，她如果只是注意到孩子的语言，会觉得孩子是不是昨天玩得太多了？或者是暑假刚过，是不是玩得心太野了？还是昨天接孩子的时候了解到在学校发生了一些不愉快的事情，这让他不想去上学？而这些可能都是信息传递中的干扰项。

如何区分这些干扰项，就需要多注意孩子的非语言信息表达方式：一般孩子开心的时候有哪些表情，焦虑的时候有哪些小动作，难过的时候有哪些表现，等等，然后准确地解读出孩子想要表达的。

由此可见，沟通中的非语言信息所占的比重甚至超过语言信息，而且有时候语言信息和非语言信息表达的内容表面上看起来是不相符的，有时候语言信息表达的是一个意思，但是非语言信息表达的却是另一个意思，而非语言信息表达的意思才更准确地表达了传递者真正的意图。

法则三：
及时回应

真正有效的沟通方式，我们将它称为及时回应。及时回应也称为“同频共振”或者“适时回应”，具体指在每一个交流的瞬间，我们都能感受并理解对方发出的信号，及时做出适当回应。

我们来通过两个咨询实例理解这个概念。

案例1

尚女士：我一回家，孩子见了我就会变得任性，我不在家时他挺乖的。

我：肯定是你平时对他比较娇宠，否则孩子怎么可能看到你就不乖了。那你应该反思一下自己，是不是平时和孩子的互动比较少。（无关回应）

尚女士：互动挺多，陪伴也挺多。

我：做父母没有那么容易的，要多学习，现在孩子不

乖了才想起来咨询，看来你平时对孩子的教育不够。（情绪逆转）

（看到我的回应，你感觉怎么样？）

尚女士：不爽，觉得被误解了，被指责了。

案例2

刘女士：孩子早上又不刷牙。

我：孩子早上又没有刷牙，你有点儿生气。

刘女士：是的，我担心他的虫牙会烂得更快。

我：不刷牙对牙齿不好。

刘女士：是啊，但是他又不愿意刷，每次都要强迫，搞得两个人都挺不开心的。

我：为此你比较苦恼。

（这个过程你有什么感觉？）

刘女士：挺好的，就是感觉有说下去的愿望。

在案例1里，尚女士告诉我她的苦恼，我对此进行了分析评判，并试图提供解决方案，但她的感觉是“不爽”，觉得“被误解、被指责”，我们的谈话没法继续进行下去，其实是“沟而不通”。在案例2里，我试图了解信息传达者的情绪，然后把自己的理解反馈给对方进行求证，让对方有继续交流的欲望。这就是及时回应。

当我们学会这样的回应方式，经常用这样的方式和孩子、伴侣、同事沟通，我们之间的冲突就会越来越少，关系也会越来越融洽。

/用非语言信息传达我们的接纳/

在沟通的过程中，及时回应是有效沟通的前提，也是积极沟通的态度。那么，在前提和态度都具备的情况下，我们应该怎么去做，让沟通真正有效呢？

首先，我们可以通过非语言信息来传达我们的接纳。

理解了非语言信息在沟通过程中的重要作用后，可以有意识地在生活中做一些小游戏或者小练习，加强我们使用非语言信息进行交流的能力。例如，做一些表情，让孩子来猜你的心情，或者做一些动作，让孩子来猜你想要什么，然后让孩子做，你来猜。可以选择一些无字绘本和孩子一起阅读，或者在共读绘本时，根据图画，和孩子一起讨论故事的内容。甚至，你可以试着学学哑语，你会惊讶于肢体动作竟然可以传递如此丰富的信息。

具体到沟通过程中，我们要学会适当地保持沉默。我们都有这样的体验，不开心的时候，如果有一个人能静静地倾听我们，即使他什么也不说、什么也不做，我们也能感到很大的安慰。然而，作为父母，我们却总喜欢喋喋不休，用我们的是非观念来评判孩子的所作所为，孩子说一句，我们恨不得说十句，完全忽略沉默的巨大力量。有时候，孩子来找我们，告诉我们一些经历或者遇到的困难，并不是想寻求我们的肯定或者安慰，也不是想听我们的建议或解决方案，他们只是想找个人分享感受，并在这种分享中释放情绪、理清思路。这个时候，沉默就是最好的陪伴和支持。

我们来看下面这段对话：

孩子：我今天和文文打架了。

家长：哦？

孩子：是的，排队的时候，他站到我前面了。我一直是站在第一排的。

家长：（沉默）

孩子：他以前是站在我后面的。

家长：嗯。

孩子：后来我俩没有在一起了，放学的时候我也没再理他。

家长：（沉默）

孩子：他可能也很生气吧，你知道的，我俩一直在一起玩得很好的。

家长：（点头）

孩子：或许明天我俩就好了，我排在他后面也可以的。

这是我和儿子的一次对话。那天放学后，儿子回来告诉我，他和一个好朋友打架了。我没有急急地追问他为什么打架，或者他有没有受伤什么的，只是停下了手头正在做的事情，用一个“哦？”表达了我想继续听下去的意思。儿子看到我没有生气，也感受到了我的接纳，就继续说下去了。在这个过程中，我几乎没有说什么话，但并不是没有回应，我用沉默和肢体语言（点头）让孩子感受到我在很认真地听，我很在乎他对我说的这些。当孩子感受到我的这种支持，就会愿意将整个过程完整地叙述出来，并在叙述中释放情绪，找到解决方案。

需要说明的是，这里的沉默与我们前面提到的“没有回应”不是一回事。没有回应是对对方传递的信息毫不关心、漠然相对，而沉默作为一种非语言信息，实际上是一种无声的交流，它传达了我们对孩子的接纳，虽然什么也没有说，但是在倾听、感受。在这个过程中，专注是必要的，这会让对方感觉到一种支持，鼓励他将谈话继续下去。

使用沉默的回应方式，需要我们真诚地相信孩子有处理自己情绪和解决问题的能力。如果在与孩子的沟通过程中，我们总是忍不住打断孩子，那是因为我们对孩子不信任。当孩子说“妈妈，我今天晚上不想吃饭”时，我们不相信他们有感知冷热饥饱的能力，我们立马开始数落：“怎么能不吃饭呢？会营养不良的。”而不是停下来用倾听的姿势鼓励孩子说出他不想吃晚饭的原因。我们不相信孩子能够自己解决与同学的冲突，所以迫不及待地提建议、给解决方案。我们更不相信孩子能够处理自己的情绪，甚至，我们根本就认为这些情绪都是不合理的，因此习惯性地用责备警告、说服劝慰、转移注意力等方式对这些情绪进行堵截。

除了沉默，我们当然也可以用其他非语言信息来表达我们对孩子的接纳，例如，温暖的拥抱，充满关爱的语气，感同身受的面部表情，等等。这些非语言信息，常常伴随着语言信息一起出现，可以很好地增强联结，让沟通顺利进行。

/用简单的应答鼓励孩子继续表达/

除了恰当地使用非语言信息，在与孩子的沟通中，我们还可以通过一些简单的应答来进行及时回应，鼓励孩子将谈话继续下去。这种方式包括理解性的应答和引导性话语两种。

理解性的应答，类似于“嗯”“哦”“这样啊”，让对方知道你正在认真听。这是一种我们经常会用到的回应方式。比如你和闺密通电话，对方一直在说，你只是在听，为了让对方知道你一直在听，你会时不时地用“嗯”“啊”“哦”进行回应。同样，当孩子向我们讲述一件事情时，我们也可以用这样的感觉回应告诉孩子：我听着呢，我和你在一起，我很在意你讲的话，我希望你能继续说下去。类似于这样的应答还有“是吗”“我明白了”“真的吗”等。这些回应没有流露听者任何的想法和情绪，却邀请对方继续分享他们的看法与情绪。接收到这样的反馈，孩子通常很乐意将谈话继续下去。

我们来看一个例子，这是一位妈妈与女儿在去看话剧的路上的一段对话：

女儿：（沉默了一下，忽然轻轻地说）妈妈，我都已经撒了好几次谎了。

妈妈：（很吃惊）嗯哼。

女儿：因为我不想让你们知道真相，所以我撒谎了。都好几次了。

妈妈：嗯。（一阵沉默）

女儿：我怕说出真相你们会问我很多问题，我不喜欢回答这些问题。

妈妈：哦。你是不是对撒谎感到内疚了？

女儿：是的，我非常内疚。但是我不想回答问题。

妈妈：哦。（又是一阵沉默）

妈妈：你愿意谈谈昨晚的空手道课吗？（注：昨晚的空手道课她不肯进教室，理由是“不想跟世界上最爱的妈妈分开”。）

女儿：嗯。我不是因为不想跟你分开才不进教室的，我是因为实在不喜欢那儿才不想进去的。

妈妈：嗯，这样啊！

然后对话结束，女儿欢快地下车进剧场了。也许是因为说出了让她觉得内疚的事情，整个人都轻松了，那场话剧她看得非常开心。

在这个案例里，孩子主动承认自己撒了谎，妈妈虽然很吃惊，但仍然保持了冷静，充分地利用沉默和简短的理解性应答，鼓励孩子自己说出撒谎的原因。

而引导性的话语，是指在谈话中，当孩子不知道该如何继续下去时，适当地进行引导，以便将谈话深入下去。例如，“还有吗？”“接下来呢？”“可以和我谈一谈吗？”……面对这样的回应，孩子通常会感觉受到鼓励，与父母更加亲密，也更愿意敞开心扉，分享他们的情绪和看法。

有些父母可能会说，我平时也经常用到这种回应方式啊，可是孩子根本就不理我。那就要问问自己，当你在使用这种简单的语言回应孩子时，你到底是在用心感受孩子的情绪，真诚地邀请他们分享自己的故事和看法，还是仅仅在随口敷衍，内心巴不得孩子赶紧闭嘴。正如沉默可以是一种无关回应，也可以是一种“无声胜有声”的沟通，简单的应答同样既可以是一种真正的倾听，也可以是一种虚假的倾听。当你虚假倾听时，孩子当然什么都不愿说。

/先回应孩子的右脑，再引导至左脑/

倾听应该有回应，没有回应的倾听是不完整的。有时候我们会觉得孩子说话语无伦次，我们不知道他们到底想表达什么，更不知道要如何回应他们。在解决这个问题之前，我们需要先了解一些大脑的基本知识。

我们知道，人的大脑可以分为左右两个部分，这两个部分不仅在解剖学上是分离的，在功能上也非常不同。科学研究表明，大脑影响我们的方式有“左脑模式”和“右脑模式”。左脑是逻辑的、语言的、线性的，主要擅长演绎推理和语言分析，而右脑是全面的、非语言的，它发送并接收信号，使我们实现沟通，这些信号包括面部表情、语气语调、眼神手势以及身体姿态等，关注的是人际关系中的情感和体验，擅长处理意象、情绪和亲历式信息。简单些说，左脑是理性的，擅长分析问题和解决问题，而右脑更加直观和感性。

为了更好地与人沟通，建立和谐的人际关系，左右脑的协同运作是至关重要的。人体解剖学告诉我们，左脑和右脑由胼胝体连接，通过胼胝体产生交流，从而作为一个整体运作。当大脑不能很好地整合，或者我们仅仅使用左脑或右脑来处理生活中层出不穷的各种问题时，就会遇到困难。例如，情绪是生活中不可或缺的，但是如果我们完全被右脑掌控，生活就会完全被情绪所控制，反之，如果我们剥离个人感受和体验，完全依靠逻辑和语言，我们就会感觉生活没有乐趣可言。

不幸的是，日常生活中，我们的左脑和右脑常常不能很好地协作。我们在社会中接受的训练都是用语言和逻辑解决问题，常常忽视对右脑的开发。因此，我们在遇到问题时会习惯性地依靠语言和逻辑。例如，夫妻吵架的时候，双方都是据理力争，以证明我是对的，你是错的；孩子不想上学了，和小朋友闹别扭了，或者惹事了、闯祸了，我们本能地想去说服教育。前文我们提到的无关回应的几种情况都是基于左脑的回应。

在儿童成长过程中，尤其是3岁以前，右脑占据主要地位。他们完全活在当下，没有时间观念，饿了就要吃、困了就要睡，还没有学会等待，也没有规则意识，如果没有人阻止，他们会举止不敬、乱扔东西，甚至伤害他人。等他们稍大一点儿，开始越来越频繁地追问“为什么”时，说明他们的左脑开始发挥作用，想要知道世界万事万物的因果关系，并用语言表达出来。

孩子由于左脑发育得不成熟，常常被淹没在右脑情绪的洪流中，我们来看下面这个例子：

有一次，我儿子在睡觉前突然很伤心、生气。我问他原因，他说："我要睡觉了，可你都不来帮我关灯。"因为以前他睡觉前都是我帮他关灯，所以我马上走到他的房间，帮他把灯关了。但是儿子突然又嘟囔了一句："你从来也没对我好过。我马上过生日了，来的朋友也不多。我很讨厌写作业。"

是不是听起来很耳熟？孩子的思绪从一件事情跳到另一件事情，传递了很多信息，但完全没有逻辑可言。他心烦意乱想要获得帮助，父母却好像完全帮不上忙。这时父母最可能的反应就是辩白——"我明明对你很好"，或者劝慰说服——"家庭作业是你必须要完成的。至于你的生日，你怎么知道来的朋友会不多呢？也许有很多人会来呢？"然而，这些合乎逻辑的回应方式会让孩子觉得父母不理解或者不关心他的感受，不仅无助于事情的解决，反而可能火上浇油，让孩子更加烦躁焦虑。

这个案例给我们一个重要的启示，当孩子处于情绪中时，逻辑往往不起作用，除非我们回应了他右脑的情感需求，先让孩子感觉到"被理解"，然后再去尝试解决问题。也就是说，先同孩子的右脑联结，进行“右对右”的沟通，“感同身受”地回应孩子的情感需求，当孩子的情绪平复下来了，左右脑处于一种平衡状态时，再进行“左对左”联结，通过逻辑语言来引导孩子进行分析思考，解决他所提出的具体问题。这种方法能够让孩子的左脑和右脑协调运作，让沟通变得顺畅。

举一个简单的例子，孩子哭着说：“妈妈，我摔倒了，膝盖都破了。”这个时候他一定很疼，哭泣表明他现在正处于情绪中，被右脑控制。如果妈妈说“不要哭，没事的，下次小心点儿就好了”，这就是在用左脑回应，这样的回应方式可能让孩子哭得更凶。但如果妈妈意识到孩子处于情绪中，应该先进行“右对右”的联结，对话就可能是这样的：

孩子：妈妈，我摔倒了，膝盖都破了。（哭泣）

妈妈：那肯定很疼，妈妈看到你摔倒了，膝盖都破了。来，妈妈抱抱。（用右脑回应孩子的情绪，并伴随着拥抱）

妈妈：现在感觉怎么样？

孩子：好多了。（哭泣渐止）

妈妈：能告诉我刚才发生了什么吗？你是怎么摔倒的？（引导至左脑）

孩子：我刚才跑的时候，没有注意到前面有一个台

阶，我被绊了一下，就摔倒了。我下次会小心的。

通过这样的回应，妈妈既化解了孩子的情绪，又能引导孩子完整地叙述事情的经过，自己找到解决方案。

法则四：
积极倾听

在人际交往中，一个人无法长时间地保持沉默，也不能完全依赖非语言信息和简单的应答来进行交流。我们必须开口讲话，孩子也需要我们开口讲话，这样才能建立起一种亲密而重要的关系。但是由于信息传播的复杂性，要想准确地解码对方传递的信息并及时反馈，并不是一件容易的事情。为了准确地解码信息，了解对方的真正意图，我们需要学会倾听。倾听是一种非常好的回应方式，既能鼓励对方继续说下去，又能保证你理解对方要说的话。

说到这里，有些妈妈会说，倾听谁不会啊，我就经常倾听孩子。比如，昨天晚上我回家的时候，看到孩子写作业，从9点一直写到11点还没有写完。我看着题也不多，怎么会写这么久，一定是他太磨蹭了，于是我就搬了把椅子坐在他旁边，对他说："发生什么事情了，怎么到现在还没有写完作业？来跟妈妈说说。"这是倾听吗？当然不是，这是我们前面提到的无关回应中的质问。大家也许觉得这个例子有点儿夸张，但我们回想一下，平时我们在生活中是不是也经常这样对孩子说话：“发生什么事情了，跟妈妈说说。”或者在孩子想跟我们分享什么事情的时候不耐烦地回应：“我听着呢，你说吧。”.前者是质问，后者是敷衍，都不是真正的倾听。

/共情是积极倾听的核心/

什么是真正的倾听呢？从字面上理解，倾听的“听”在繁体字中写作“聽”，有一个“耳”字，表示要用耳朵来听；有一个“心”字，说明倾听时要用“心”去听，才能够心领神会；有一个“目”字，表示听的时候要目视对方，通过眼睛观察对方的非语言信息表达；“耳”字旁边还有一个“王”字，表示要把说话的那个人当成帝王一样来认真对待。从中可以看出，倾听时不仅要用“耳朵”，还要用“心”、用“眼睛”，更重要的是充分地尊重对方。倾听的英文表达是“attending”，有参与、专心、专注的意思。它不是指单纯地听，还包含着更多的反应。

国际倾听协会将“倾听”定义为：接收言语与非言语信息，确定其含义和对此做出反应的过程。这个定义包含3个层面的意思：第一，倾听不仅要用耳朵倾听对方的语言信息，还要用眼睛观察对方的非语言信息；第二，倾听者要对对方传递的信息进行解码，确定其真实含义和意图；第三，倾听者要做出反应“回馈”。

积极倾听是指一种带有同理心的倾听。同理心（empathy）又译作共情，源自希腊文“神入”（empatheia），原来是美学理论家用以形容理解他人主观经验的能力，后来这个概念被卡尔·罗杰斯[1]运用到人际沟通中。它的基本意思是说，你要想真正了解对方，就要能够将心比心，设身处地地感受、体验对方的处境，站在对方的角度来看问题，并准确回应其需要，就好像你是对方一样。在罗杰斯看来，咨询师应该给予被咨询者以无条件的积极关注与接纳，可以运用一些技巧如反映式倾听，使得咨询者能主动解决问题，促进成长。

积极倾听的理念即源于此。与普通的倾听相比，积极倾听更强调“移情理解”，对对方的情感诉求做出回应。这种交流方式虽然源于心理咨询中咨访双方的沟通，但现在已经扩展到几乎所有人与人之间的沟通了。

为了倾听他人，我们需要先放下自己的想法和判断，全心全意地体会对方的感受和需要。这并不是一件容易的事情。

我们来看一个场景：

孩子从幼儿园放学回家，很开心。

孩子：妈妈，今天在学校里老师教我们折纸了，我会

---

[1] 卡尔·罗杰斯（1902—1987），美国心理学家，人本主义心理学主要代表人物之一。

折小飞机，我折给你看啊。

然后孩子拿出一张橙色的纸，开始演示，折痕歪歪扭扭的，明显不熟练。

妈妈：你折歪了，要把纸的边缘对齐才行。

孩子：哼！（表示不以为然）

妈妈：你这孩子怎么这样，一点儿不虚心，自己折不好，还不让别人教。

孩子：我会折，老师教了的。

孩子很生气，继续折。好不容易折好了，试了试，却完全飞不起来。

妈妈：你看，你就是没有折好，所以飞不起来。过来，我教你折。

孩子：不要不要，我不要你教，我重新折。

孩子重新取过一张纸，却用力过猛，将纸撕坏了。她很生气地将纸扔到地上，然后自己也一屁股坐到地上，低着头，双臂紧紧抱在胸前，把脑袋埋进去。

妈妈：撕坏了就重新换一张啊，没什么大不了的。来吧，妈妈教你折漂亮的纸飞机，保证飞得很高。

孩子开始哭，一边哭，一边把桌子上的东西扔得到处都是。

妈妈也有点儿生气了，提高了音量：这么点儿小事，有什么好哭的！别哭了，妈妈给你做好吃的。

孩子：（声音尖厉地）我不要！

一边说，一边站起来，在折好的纸飞机上狠狠踩了两脚，冲进了房间，反锁上门，然后房间里传来了号啕大哭声。

是不是很熟悉的场景？本来孩子是很开心地向妈妈展示一项她刚刚学会的新技能，最后却以号啕大哭收场。很明显，是妈妈不适当的回应方式最终导致了孩子的情绪崩溃。在这段对话中，妈妈的回应包括说教——你折歪了，要把纸的边缘对齐才行；指责——你这孩子怎么这样，一点儿不虚心，自己折不好，还不让别人教；解释分析——你看，你就是没有折好，所以飞不起来；同情安慰——撕坏了就重新换一张啊，没什么大不了的；转移注意力——妈妈给你做好吃的。无论是哪一种方式，都在否定孩子的情绪。给出这些回应的妈妈的心里充斥着自己的各种情绪和想法，根本看不见，也听不到孩子。

仍然是刚才这个场景，如果我们换一种回应方式呢？

孩子：妈妈，今天在学校里老师教我们折纸了，我会折小飞机，我折给你看啊。

妈妈：嗯，宝贝会折纸飞机了，让妈妈看一看。（安静地陪伴）

孩子折好了飞机，一试，飞不起来。

孩子：妈妈，我折的飞机飞不起来，我真笨啊。（眼泪都快掉下来了）

妈妈：嗯，飞机飞不起来，宝贝有点儿难过。

妈妈静静地跟孩子拥抱了一会儿，孩子的情绪平复了一些。

妈妈：来，我们一起看一下，小飞机为什么会飞不起来呢？（陪孩子一起检查小飞机）

孩子：妈妈，我的小飞机是歪的，难怪它飞不起来。妈妈，你教教我吧！

在这个过程中，妈妈一开始也看到了歪歪扭扭的折痕，但她没有指手画脚，只是安静地陪伴，让孩子自己发现问题，在孩子出现情绪时，用一句简单的“飞机飞不起来，宝贝有点儿难过”进行共情，然后安安静静地陪着她，让她安心地将情绪释放出去。当孩子的坏情绪消失，再引导她寻找问题出现的原因并解决问题。

这种放下自己的观点和评判，全心全意体会对方的感受和需要的态度和能力，在心理学上称为“共情”，也称为“同理心”。

罗杰斯在谈到共情时，这样描述：与另一个人共情地相处，意味着进入另一个人的私人知觉世界，并且能完全自如地处于其中。这包括时刻对另一个人内心流动的感受的不断变化的意义保持敏感，如恐惧或勃然大怒或温柔或困惑，或任何他正在体验的某种情绪。这意味着暂时生活在他人的生活中，巧妙地在其中运转而不去做任何判断。这包括在你用新鲜而毫无畏惧的眼光看待他的恐惧时，你能传达给他你对其世界的理解……在那个人的内在世界里，你是知心的陪伴者。

这里提到的是共情的几个重要特征：第一，对他人内心的感受和情绪保持敏感，体验他人的精神世界，就仿佛那是自身的精神世界一样。第二，对他人的感受/观点不做任何判断，即创造一定的空间，把成见摆在一旁。第三，共情需要一定程度情感上的距离，要去观照对方的恐惧、悲痛、愤怒，并传递自己的理解，而不是被对方的情绪所裹挟。

对他人内心的感受和情绪保持敏感，需要我们在沟通中足够敞开，全心全意地感受对方。这一点，我们应该向孩子学习。他们具有天生的同理心，他们知道对方的感受是什么，并且能对此做出反应。例如，9个月大的宝宝看到另一个宝宝摔倒了，会流出眼泪，爬到妈妈怀里，好像是自己摔了一跤一样；看到妈妈哭，几个月大的孩子也会自己抹眼泪，即使妈妈努力隐藏自己的情绪，让自己看起来不那么难过，孩子也可以准确地捕捉到，从而表现得惊疑不定。孩子因为足够敞开，因此更能感受到对方的感受。而成年人为什么很难做到共情，就因为太想控制整个局面。共情是双方共同的参与，甚至把主动权留给对方。这是大多数控制型父母很难理解和做到的。

共情练习1：激活同理心

随着年龄的增长，我们的推理能力越来越强，同理心却慢慢减弱，但并没有消失。下面有一些小练习，可以做一做，试着感受一下语言所传达的情绪，激活这种同理心。

练习A

孩子：我现在还不想睡觉，其他人也不要睡。

如果孩子跟你这样说的时候，试着体会一下，这句话后面隐藏着孩子怎样的感受和需要呢？也许是对自己不能自主决定什么时候上床睡觉这件事感到不公平，也许是还想多跟爸爸妈妈在一起多待一会儿，也有可能是对妈妈的反复催促感到不耐烦，甚至有些愤怒。

当体会到孩子的这些感受，就可以这样来回应：

- 你觉得不公平，你想自己决定什么时候睡觉；
- 妈妈催你睡觉，你很不耐烦；
- 你现在不想睡觉，你很想多和爸爸妈妈玩一会儿，有点儿舍不得让我们离开。

练习B

孩子：不吃饭怎么了，有错吗？我就是不想吃饭。

如果孩子这样说时，他是想传达什么感受呢？可能是他觉得不饿，一点儿也不想吃；也可能是他正沉浸在自己的世界里，被一遍遍催促很不耐烦；还可能就是一种逆反心理，你让我吃，我偏不吃。

当体会到孩子的这些感受，我们就可以这样来回应：

- 你现在还不饿，所以还不想吃饭；
- 妈妈一遍遍地催你，你觉得有点儿厌烦。

可能大家也注意到了，练习中给出的信息其实只有一句话，仅仅凭这一句话，我们很难准确地体会到它所传达的感受。这也就是我们前面说过的，与孩子沟通时，我们一定要学会倾听言外之意。所谓言外之意，就是用非语言形式传达出来的隐藏于语言背后的含义。要知道，在人与人交流的过程中，只有7%～10%的信息是通过语言传递的，而非语言信息传递的信息量更大，占90%以上。当一个人说话的时候，非语言线索为我们提供了大量的信息，我们需要对这些信息保持敏感。例如，孩子在一场很重要的比赛中失利了，为了表示自己的坚强，他很可能告诉你没事，但是他的身体语言和面部表情——耷拉的肩膀、下垂的脑袋、无神的双目，还有时不时的沉默，都在表明，他现在很沮丧，希望得到安慰和理解。

需要注意的是，共情是去体会一个人某一特定时刻的感受，而不是试图思考另一个人的感受是什么。是体会，不是思考。如果你试图去思考另一个人的感受，你就进入了自己独立的思维世界，而偏离了共情的轨道。

同时，共情也不是同情。同情是面对别人的处境，我们自己内心的感受。例如，当我们看到某个老人在雨中乞讨，觉得他很可怜，很想帮助他。这就是同情。这种感受是高高在上的，它是基于一种评判，即在雨中乞讨是一件不好的事情。而共情是进入对方的内心世界，去体验对方的感受，不做任何评判。这要求父母在倾听时，要清晰地区分哪些是父母自己的感受，哪些是孩子的感受。因为父母常常会把自己的感受投射到孩子的身上。

举个例子：

一位妈妈求助，说自己的孩子本来很优秀，在学校考试中总是名列前茅，最近几周却突然很不愿意去学校了，怎么劝都不行。妈妈自己分析说，我觉得是不是因为临近升学考试了，孩子太焦虑，怕考不上自己心仪的学校，因此压力过大。我问这位妈妈，你跟孩子聊过吗？的确是因为这些原因吗？妈妈说，聊过，但孩子不肯说，这是她的猜测。我又问她，那在孩子升学这件事情上，你焦虑吗？

妈妈回答，我当然是希望他能考个好学校，说不焦虑那是假的。

这就是一种典型的投射，妈妈将自己对升学的焦虑情绪投射到孩子身上，并想当然地认为这就是孩子的感受。当我们内心充斥着自己的各种感受时，我们是没法与孩子共情的。

共情练习2：放下评判

与孩子共情，倾听孩子的感受和需要，需要我们放下评判，在我们内心建立一个无错区。每个人由于教育程度、生活环境、经历不同，往往形成自己特有的认知事物方式，进而形成自己判断是非对错的思维定式。我们用评判的眼光看待周围的一切，一旦遇到自己不喜欢的人或不理解的事，就会想别人有什么不对。尤其是面对孩子，总是自觉不自觉地将自己的观念强加给孩子。我们都有这样的经验，我们或许可以很好地倾听一个我们很尊重的人，例如老师或单位领导，却没有耐心听孩子将话说完，总是迫不及待地插入我们的想法和意见。放下评判，意味着要将孩子当作一个独立的个体去尊重，尊重他们的观点和想法，内心保持一份对评判的警醒，我们才有机会听到孩子真正的心声。

有这样一个故事：

美国知名主持人林克莱特有一天访问一名小朋友，问他说：“你长大后想要当什么呀？”小朋友天真地回答：“我要当飞机的驾驶员！”林克莱特接着问：“如果有一天，你的飞机飞到太平洋上空，所有引擎都熄火了，你会怎么办？”小朋友想了想说：“我会先告诉飞机上的人绑好安全带，然后我挂上我的降落伞跳出去。”听了这样的回答，现场的观众哄堂大笑。林克莱特亲切地注视着这名小朋友，继续问他：“为什么要这样做？”小朋友回答说：“我要去拿燃料，我还要回来的。”人们这才明白他的真正想法。

观众的哄堂大笑代表着一种评判，试想一下，如果林克莱特不能在这种哄堂大笑中保持着倾听者应有的平和与耐心，让孩子继续把话说完，观众怎么可能听到如此善良清澈的心语呢？

再举个例子：

我们与女儿有个约定，周五和周六晚上可以和爸爸妈妈一起睡，其他晚上，因为第二天要上学，需要自己睡。这是某个周日下午，妈妈和女儿在车里的对话：

女儿：（有点儿郁闷的口吻）明天又是星期一了。

妈妈沉默，爸爸也沉默。

女儿：我又要一个人睡了。

妈妈：嗯，周末和妈妈一起睡，很舒服、很甜蜜。

（注：女儿爱吃糖，妈妈曾经问她，吃糖是什么感觉呀？女儿说很甜蜜。妈妈问她还有什么事情让你有这种感觉呀？女儿回答说，与妈妈一起睡也会很舒服、很甜蜜。）

女儿：（笑了）是呀。

然后我们都没有再说话，女儿又开始与哥哥一起玩了，没有闹着要跟我们一起睡，晚上自己回房间，第二天正常上学。

女儿本来是有情绪的，这个情绪被妈妈捕捉到了，并用女儿的语言表达出来，她就很开心、很满足，也就不会无理取闹了。可能有的妈妈注意不到这些，一开始听孩子说“明天又是星期一了”，马上判断：啊，星期一怎么了？你是不是玩疯掉了，又不想上学了？然后自己小时候不愿意上学的情绪就出来了，投射到孩子身上，开始数落孩子。孩子的思路被中断，要么辩解，要么就干脆闭嘴，但情绪也被压抑了，最后的结果肯定是大家都不开心。

对于孩子来说，他们是通透的。当他们心里不舒服的时候，他们天生知道用这种方式表达出来，当表达出来之后，这种情绪就流动了，就不会积压在身体里了。当情绪不在了，理性思考自然也就有了。这样一来，孩子自然也知道该怎么做了。而大多数父母会担心场面失控：如果孩子真的不回自己床上睡，真的还要继续和爸爸妈妈睡，怎么办？我们大脑里这个念头阻碍了聆听孩子，阻碍了让孩子把他们的情绪表达出来。

放下评判，并不意味着我们必须同意或接受对方的观点，如果那样的话，也就没有必要进行沟通了。但是我们应该尊重对方的观点，对那些与自己不同的观点和看法表示理解与宽容。尊重意味着完整地接纳对方，不论听到什么，都别急着去辩驳或者指正，试着去体会他的观点和想法背后的真正需要。如果你能够让对方讲完整件事情的经过，不做评判而是给予支持，问题的全部就可能被展现出来，在这个讲述的过程中，对方的情绪也能得到很好的平复。

我们看下面的案例，也是发生在我们家的真实故事。

有一次，我下班后回家接两个孩子一起去参加朋友的生日派对。刚到家，儿子就跟我说："爸爸，晚上我不要让妹妹睡我的房间了，我要把她赶出去。"我不知道到底发生了什么，因为时间比较紧，就让他们先上车。到了车上，两个孩子情绪都很大，哥哥看起来很烦躁，妹妹一直哭。

下面是我和儿子的对话：

我：儿子，发生什么事情了？

儿子：我要把妹妹赶出去，我不让她跟我睡在一个房间了。（一直重复，情绪越来越大）

我：你能不能把事情的经过大致跟我讲一下？

我其实也有点儿不高兴，因为哥哥要把妹妹赶出房间这件事情，我是无法接受的，还好我立即觉察了，没有让指责和批评脱口而出。

儿子：哼。

我：你现在很生气，你很想把妹妹赶出去。（试着体会儿子的感受，共情）

儿子：（沉默了一会儿，开始讲述事情的经过）妹妹把一块西瓜皮放在了我的书桌上，我觉得她侵犯了我的空间。并且，我让她拿走，她也不听。这让我很生气。我就要把她赶出去。

在这个叙述的过程中，妹妹总是打断哥哥，于是在等红绿灯的时候，我回头看了一眼妹妹，和她也有一段对话：

我：哥哥在说话的时候，你觉得有些地方他说得不对，所以你很想纠正过来。（共情，体会对方的需要）

妹妹：是的。

我：哥哥讲话的时候，你可以听。当哥哥讲完了，你再来描述，好不好？

妹妹：好的。（情绪好多了，不再哭哭啼啼）

对话再一次转向哥哥。

哥哥：我说完了。（情绪已经好了很多）

我：那现在该妹妹讲了，可以吗？

哥哥：可以的。

对话又一次转向妹妹。

我：妹妹，你有什么要告诉爸爸的吗？

妹妹：因为我正在看iPad，吃完西瓜就把西瓜皮先放在哥哥的桌子上了。那个时候，哥哥不在房间。哥哥让我拿开的时候，我没有听到。我不是故意不听他话的。但是哥哥要把我赶出去，我觉得很委屈。当然，最后其实我不是被哥哥赶出去的，我是被外公推出去的。

在这个过程中，我控制住了自己评判对错的冲动，没有去责怪哥哥，也没有在妹妹不停打断哥哥说话时让她闭嘴，只是共情、聆听，鼓励孩子完整地叙述整件事情发生的经过。在这个过程中，孩子们的情绪很好地流动、释放，事情讲完了，孩子们的情绪也平复了。

/先倾听自己，再倾听孩子/

上面说了很多如何进行共情、如何积极倾听的例子，有些父母可能会说：我也想认真听孩子说，可是我做不到啊！每次看孩子做出一些让我无法接受的举动，心里的小火苗就噌噌噌地向上蹿。我也知道要倾听，要共情，可是冲口而出的总是："你这孩子怎么这么不听话！""再闹再闹，我把你扔出去！"……

的确，在育儿路上，我们总是要面对一些艰难的时刻：工作一天很累了，回到家里只想好好休息一下，孩子却缠着你陪他们做游戏；和先生发生了冲突，心情糟糕到了极点，两个孩子又因为争夺玩具发生了冲突，姐姐叫，妹妹哭；精心准备了晚餐，孩子却抱着iPad目不转睛，对我们的三邀四请充耳不闻，最后扔过来一句"我不吃"。

这些艰难的时刻让我们很抓狂，让我们没有力量去倾听孩子。这个时候，我们应该停下来，先倾听自己。深呼吸，留意一下我们的身体感觉：胃部是不是觉得被牵扯？拳头是不是不自觉地握紧？肩膀是不是觉得有些沉重？留意这些身体的感受，会让我们更加清晰地觉察到自己的情绪。如果有可能的话，离开现场，让自己静静地待一会儿，想一想，我有什么没有被满足的需要吗？我可以做点儿什么来满足这个需要呢？如果当下的情况不允许你离开现场，可以如实地告诉孩子你现在的感受，并提出你的请求。例如：“妈妈工作了一整天觉得有些累，现在没有力气陪你做游戏，等妈妈休息一会儿，我们再一起玩可以吗？”或者“妈妈现在很烦躁，需要自己调整一下，等一会儿妈妈再来陪你。”这样做对孩子是有益的，他们不会因为猜测父母的情绪而觉得不安或愤怒，也因此学会情绪表达和处理的正确方式，还因此明白，妈妈不是超人，她也有喜怒哀乐，是一个真实的存在。

有些父母会觉得倾听自己很困难，不知道该用什么词汇来表达自己的感受，或者认为自己没有什么感受。这主要是因为在我们的成长过程中，感受一直被认为是无关紧要的，重要的是学会判断什么是对的、什么是错的，我们被鼓励服从权威而不是关注感受，这造成了我们对自己的身体与心灵都有一种疏离感。但学会倾听自己是值得的，当我们越来越明了自己内心的感受时，也就能越来越准确地捕捉到孩子的感受。

当然，现实生活中，会出现我们表达了感受、提出了请求，但是孩子根本不配合的情况，这个时候，我们特别容易被再次引爆。面对这种情况，我们需要有一分觉察，就是我们内心的愤怒源于我们自身存在没有被满足的需求，而不是因为孩子。孩子的行为只是一个导火索而已。有了这样的觉知，我们就不会轻易地将怒火烧向孩子。至于如何处理自己的情绪，我们会在后面的篇章里详细说明。

/用积极倾听与孩子建立更好的联结/

沟通除了传递信息之外，最重要的一个作用是建立真正的联结。亲子之间的沟通尤其如此。当感受到自己与孩子的心连在一起时，我们就更容易理解和接受孩子。这就是及时回应的本质所在。如果没有这种心理层面的联结，再高超的谈话技巧也只是为了达到操纵孩子的目的，而不是真正的沟通。

我们来看一篇网络点击率很高的帖子：

> 暑假后开学的第一天，儿子赖在床上不肯起床，说："妈妈，我不想上学！"
>
> 我正想跟他讲道理，转眼意识到这只不过是他在表达感受，其实他很清楚今天必须上学，因为早在前几天我就告诉过他了。于是，我首先肯定了他的感受："嗯，妈妈明白，放了这么长时间的假，确实会不想上学。"
>
> 见我没有责备，他又换了一种策略："妈妈，我好像生病了，真的不能去上学。"我连忙问："哪里不舒服？""好像发烧了，头疼。"我知道他在说谎，却不拆穿，配合着摸了一下他的头，说："嗯，可能是刚睡醒有点儿热，一会儿就好了，起来上学吧。"

可他继续闹："妈妈，我今天真的不想去上学！"我继续保持冷静："是啊，我放假久了也不想去上班呢，我很理解你，但是今天一定要上学。你再躺两分钟，我等会儿再过来叫你。"

就这样，两分钟后，他乖乖地起了床。

文章后面有很长的分析，面对孩子不合理的诉求，要先冷静，再共情，再进行换位思考，等等。但是在我看来，这位妈妈并不懂得什么是共情，更没有进行真正的换位思考。表面上看起来，她是在与孩子共情，其实并没有真正地理解孩子的感受与需求，只是使用了某种谈话的技巧，虽然达到了目的，但并不是一次有效的沟通。这是一种虚假的接纳，虚假的聆听。她的聆听是有目的的，带有操控性的。

为什么这样说呢？共情也好，换位思考也好，前提都是与孩子进行联结。上面帖子中的孩子把妈妈当成自己最信任的人，告诉妈妈他不想上学。妈妈看似接纳了他的情绪，其实是认为孩子在耍赖，在撒谎，她并不真正关心孩子为什么不想去上学，只是变换着各种手段去"搞定"孩子，让孩子乖乖地去上学，并为孩子的服从而沾沾自喜。这种沟通不仅没有解决孩子不想上学的情绪问题，反而让他感到更加疏离和孤独。如果孩子感觉到不被理解，那么，即使是很小的事情，也会酝酿成很大的情绪风暴。而童年的经历，会像源代码一样深刻地影响他成年后的行为模式。

所以我们要明白：孩子与父母沟通，首先是为了与父母更好地联结，从而找到一种归属感：我是你的孩子，我属于你，我属于这个家，我们是在一起的。

所以，试着这样开始与孩子的对话：

我懂你的意思（共振）；

我一直在听你说呢（我和你在一起）；

我会回应你的（我了解你）；

这对你很重要（我知道）；

因为这能让你了解自己、在乎自己（通过我，认识你自己）；

我很喜欢你现在的样子（我爱你）。

通过这些简单的对话，父母和孩子之间建立了联结，并且通过相互发送和接收对方的信号，可以感觉到彼此融为一体。

通过积极倾听，通过共情，通过建立联结，可以实现以下几点：

1.**构建孩子连贯的自我意识和安全感。**父母准确地捕捉孩子的感受并给孩子回应，孩子会得到这样一种体验：父母是懂我的。这种生命中最重要的人所给予的爱与理解，会让孩子对这个世界充满信心，觉得与人沟通是有意义的，通过沟通可以让自己的需求得到满足，从而获得很好的安全感。

2.整合孩子的左右脑，促进心理健康。左右脑理论告诉我们，当孩子陷入刻板思维时，说明他们被左脑所控制，当孩子陷入混乱模式时，说明他们被右脑所控制。不管是刻板还是混乱，都是大脑没有很好地整合，内心失去平衡的表现。通过积极聆听，我们可以整合孩子的左右脑，引导孩子回到“平衡之河”的中央。当他的大脑整合良好时，他将展现出一个心理和情绪健康的人的品质：灵活、适应性强、情绪稳定，并且能够理解自己和周围的世界。

3.培育孩子的同理心，提高情商。我们前面已经提过了，刚出生的婴儿具有天生的同理心，但要想将这种与生俱来的同理心转化为成熟的同理心意识，需要进行引导和培养。有研究表明，幼儿期是培养同理心的关键期，这个时期孩子对他人的内心情感非常敏锐，如果父母在与孩子的交流中表现出同理心，孩子的同理心就会得到进一步的鼓励和培育。富有同理心的孩子通常具有较高的情商。情商始于了解自己的情绪，这样我们才能去管理情绪，激励自己，进而学会理解其他人的感受，创建良好的人际关系。

4.激发孩子的创造力和潜能。孩子具有与生俱来的探索意识，富有创造力。当他们面对冲突时，如果父母能够积极倾听，让孩子表达自己的需求，孩子往往可以发展出更好的解决问题的能力。反之，如果我们总是指手画脚，提供解决方案，或者一味地批评否定，孩子就会一次次失去自己解决问题的机会，久而久之，他们便不再愿意尝试更富有创造力的解决方案。

5.让孩子更加爱自己。当孩子的情绪被接纳了，孩子就有更多的机会去感受自己，进而了解自己。一个人对自己的了解越多，就越能够为自己负责，爱自己。爱自己不是简单的在物质上让自己感到满足，而是尊重自己的感受，学会倾听自己、疗愈自己，而不是用极端的方式让自己更痛苦。经常被父母积极倾听的孩子有很高的价值感，他们爱自己，也宽容他人，对周围的环境有很高的接纳度，愿意向世界敞开怀抱，享受生活。

父母的积极倾听还有助于孩子养成自律的品格。当一个孩子感到被理解，他会觉得与你的关系更加密切，因此会变得更加乐于合作。他会明白情绪并不危险，而且他有能力选择如何应对，从而发展出更多的自我控制的能力。这有助于他更好地处理失望等情绪，从而变得更有韧性。

这也是我一直强调的积极倾听的意义所在。

本章小结

人跟人之间的沟通很重要，人能够完整地表达自己也很重要。生活中我们可能有过这样的体验，我有很多想法，但是能够用语言表达出来的，只占了我真实想法的一部分，即使我表达出来，对方能够理解的，又只占了我表达出来的一部分。所以你真的想要表达的，和对方接收到的这中间有很大的误差。一个人想要完整地表达自己是多么难呀，一个人能够让对方完全了解自己又是多么难呀。所以，父母在养育孩子的过程中，如果能够让孩子完整地表达自己，能够很好地倾听自己，那么，我们就是在培养孩子完整地表达自己的能力。孩子拥有了这个能力，不管是在以后处理自己情绪方面，还是在人际沟通方面，都会让他一生受益。

PART 02

情绪篇

用正向情绪影响孩子

2

父母和孩子的早期生活中，情绪是亲子关系的一种相互作用的过程，也是亲子沟通中重要的部分。你需要分享积极正向的情绪，同时接纳消极情绪。

法则一：

接纳所有的情绪

情绪不仅影响一个人的内心感受，也影响一个人外在的人际交往，并且还会影响我们对外在事物的判断。如果我们能够意识到自己的情绪并和他人分享，生活就会变得更丰富：世界因为有感情的存在而变得丰富多彩。

一个人终其一生，都是在探索自己，经由观察他人，对照自己，然后表达自己。虽然并不是所有的人都能如诗人一般精确地使用语言，但我们可以学会感受自己的感受，学着表达自己的感受，从而认识自己，表达自己。

作为父母，我们的情绪沟通能力可以让孩子在生活中充满活力，变得善解人意，这些品质对孩子将来更好地了解自己、建立良好的人际关系非常重要。培养良好的人际关系需要分享积极正向的情绪，同时接纳消极情绪。父母和孩子的早期生活中，情绪是亲子关系的一种相互作用的过程，也是亲子沟通中重要的部分。

一个只追求结果的妈妈可能会在亲子沟通中忽略情绪的作用。在陪伴孩子的过程中，妈妈这个人是在的，但是心和感受不在。一个只追求结果的妈妈，很难做到和孩子同在，很难感受孩子的感受。这样的孩子成年后可能会很成功，很有目标感，但是缺少了丰富的情感，生活可能非常机械。

关于情绪，学界有很多的定义，目前没有统一的说法。例如，罗伯特·利珀[1]把情绪定义为一种具有动机和知觉的积极力量，它组织、维持和指导行为；功能主义学派把情绪定义为个体与环境意义事件之间关系的心理现象；理查德·拉扎勒斯[2]则把情绪定义为来自正在进行着的环境中好的或不好的信息的生理心理反应的组织，它依赖于短时的或持续的评价。保罗·艾克曼[3]认为，人有6种基本情绪：愤怒、厌恶、害怕、惊讶、悲伤、快乐。有些学者则不赞同“基本情绪”的说法，认为情绪都属于同一范畴。玛莎·林翰[4]将情绪分为初始情绪和二级情绪，初始情绪是先天的本能，例如，被人伤害时我们会生气，亲人去世我们会悲伤。这里的生气和悲伤，就是初始情绪。这里，我们将搁置这些学理性的争议，将情绪看成一种经由身体表达

---

[1] 罗伯特·利珀（1904—1986），美国理论心理学家。

[2] 理查德·拉扎勒斯（1922—2002），美国心理学家，心理应激研究的现代代表人物之一。

[3] 保罗·艾克曼，美国微表情研究专家。

[4] 玛莎·林翰，美国辩证论行为疗法（DBT）专家。

出来的内心的感受。

为什么说可以将情绪看成一种经由身体表达出来的内心的感受呢?

首先，它是一种心理现象和情感体验，是一种主观的感觉，表现为外在肢体会发生变化，例如，快乐时会眉开眼笑，悲伤时会痛哭流涕，愤怒时会怒目圆睁，等等，没有感受就不可能有情绪。其次，当我们产生一种情绪时，我们的身体外部，如面部会产生相应变化，所以我们常常说，看某个人的表情就知道他有情绪了。

情绪常常由外部事件引发。一般说来，当外界事物符合主体的愿望和需求，那产生的情绪就是正向的，例如，如果你想买一本书，这本书刚好出现在你的面前，你会觉得喜悦。反之，如果外界的事物没有满足你的愿望和需求，产生的情绪就是负向的，例如，你让儿子赶紧过来吃饭，他却充耳不闻，继续玩着游戏，你会觉得生气。

但是情绪，不管是愤怒、开心或是其他，并不依赖于外在事物。它们的产生与我们内心的想法有关。也就是说，同样一件事情，因为不同的心理作用，可能会带来截然不同的感受。例如，孩子想吃冰激凌，你不同意，如果他心里想："我真是想吃冰激凌啊，不能吃我饭也吃不下，觉也睡不好。"那么，他此刻的情绪会是难过；如果他觉得愤愤不平："哼，凭什么不让我吃，太不公平了。坏妈妈。"那么，他此时的情绪就是愤怒；如果他想："没关系，妈妈不给我买，爸爸会给我买的。"那么，他就不会有太激烈的情绪。

除了内心的想法，情绪的产生还与我们对世界的信念有关。所谓信念，是指你相信什么是对的，一件事情应该是什么样的。如果结果如你所愿，就会产生积极的情绪，反之，则会引发你与外部世界的对抗，产生消极情绪。

有一个经典的例子可以反映出这种信念对于情绪的影响：

> 在你面前有半杯水，那些具有积极信念的人会说："啊，我还有一半的水呢。"而那些具有消极信念的人则会说："唉，怎么只有半杯水啊。"

很明显，前者体验到的是满足的正向情绪，而后者产生的是沮丧的负向情绪。认识到你的情绪与你对世界的信念有关，而不是来自于外界事物的影响，是非常重要的。你无法总是去改变别人和外在环境，但是你可以改变看待世界的眼光和方式。事实上，大多数人在感到痛苦时，总是希望改变别人或者外在的境遇，而不是想去改变自己，所以，就一直痛苦，因为需求是无止境的，而在这个世界上，不太可能有某个人、某件事能满足你的所有需求。

同时，情绪会引发我们的行为冲动。例如，感到快乐幸福时，我们会不由自主地拥抱他人，愤怒会让人想大声吼叫或者拍桌子、摔东西，甚至打人，恐惧会让人想要逃跑，悲伤时会哭泣、想要寻求他人的安慰，等等。这些行为冲动有些是有益于生存的，例如，有些情绪会激发我们逃离危险或者对抗威胁，有些情绪会让我们主动寻找爱与支持，而有些行为冲动则需要被控制。我们说成熟的标志，就是知道自己的某些冲动是不理智的，例如，你被某个同事气得发狂，特别想揍他一顿，但你知道揍人是不对的，并且会给你带来很大的麻烦，所以你不会听从冲动的指引真的去把同事揍一顿。但是我们的孩子由于脑发育并不成熟，会经常跟着冲动去行事，这就需要我们帮助他们学会应对不合理的冲动。

为了更清楚地说明情绪的这些特征，我们来看一个例子：

有一天，我带着两个孩子一起去买他们爱吃的饼。先要了一个递给儿子，想再买一个给女儿时，被告知饼已经卖光了，我就想让儿子分一半给女儿。结果儿子不愿意，说："这是我的，她要吃自己再去买。"我再三劝说，儿子还是坚持饼是自己的，不肯与妹妹分享。我的脸就沉下来了，儿子见势不妙，就从饼上揪了一小块递给了妹妹。我觉得不够，让他从中间平分，儿子坚决不肯。女儿很快把哥哥递给她的那点儿饼吃光了，还想再吃，得不到，就伤心地哭起来。我怎么说，儿子都不听，终于忍不住冲儿子大吼一声，然后拉起女儿就走。儿子就拿着饼跟在我们后面，边走边吃。直到上车了，我的怒气还是没有消失，儿子主动跟我说话我也不搭理他。

回到家后，我渐渐平静下来，开始反思这件事情。看起来，我的怒火是由外部事件引发的，即儿子不愿意与妹妹分享他的饼。可是，孩子不愿意分享，这本来是再正常不过的一件事，怎么会让我有那么大的怒火呢？这里，就有我内心的想法在作祟：我是一个亲子教育的讲师，是别人眼里的育儿专家啊，我的两个孩子就应该相亲相爱，乐于分享，要不然，怎么能称为专家呢？这种想法让我面对儿子的不分享、不合作非常焦虑，于是劝说、命令、吼叫，继而对他不理不睬，希望他能迎合我的想法。但事实上，正如我女儿后来所说的："爸爸，那是你的问题，不是哥哥的问题，你应该自己解决自己的问题，不是通过把饼平分就能解决的。"孩子通常是很有智慧的，一语中的地道出了事情的本质。生气愤怒、冲孩子吼叫，和孩子的所作所为其实没有太大关系，根源在我这里。当我改变了自己的念头和想法时，我就看到，儿子很坚持自己，并没有因为外界的权威而屈从迎合，这是很可贵的一种品质。女儿没有得到想要的东西，很伤心地哭，是情绪在流动，这都是很正常的。

再往深里看，为什么我坚持要将饼平分呢？儿子不分享我很生气，是因为我的想法在作祟，他分了一点儿给妹妹，我更加生气，为什么呢？这里就与我幼年时期形成的信念有关。小时候，我们兄妹四个，家中只有爸爸一个人赚钱，再加上那时候物质很匮乏，爸爸每次下班回来带一个白面馒头，在那个年代已经是很难得的好东西。每次，妈妈都会把这个馒头仔细地切成很平均的四块，四个孩子每人一块。妈妈切的时候，我们兄妹四人都在边上盯着，经常为谁拿到的那块馒头稍大一些而争执不休。在我看来，兄妹之间就应该平均分配资源，这是我童年的生活经验所形成的信念。我在哥哥不肯将饼平分这件事上，投射了我的这个信念，从而让怒火越烧越旺。

在这个案例中，我的情绪是生气。当情绪升起时，我的脸会沉下来，这是能被看到的外部特征，同时应该还伴随着一些身体的内在感觉，但因为我被怒气裹挟，这些感觉被我忽略了。引发我的情绪的外在事件是儿子不肯与妹妹平分饼，但是真正让情绪燃烧起来的是我的想法和对分享的信念。我的行为冲动是冲儿子大吼，并且转身离开，而在那个当下，我听从了这个冲动的指引。

我们总是认为老大应该照顾老二，其实对于孩子来说，他们有他们适应这个社会的方法。正如女儿后来说的，“哥哥已经分了一些给我了，我伤心是因为没有拿到一个饼，而并不是哥哥分给我的少”。

/用“镜像反射”接纳孩子的情绪/

正如我们习惯于把人划分为“好”与“坏”——一些是我们喜欢并爱着的，一些是我们不喜欢或者憎恨着的——我们也常常用“好心情”和“坏心情”来形容我们的感受。这种说法会误导孩子，会让他们以为有些情绪是“对”的，而有些是“错”的。虽然有些情绪的确不被欢迎，例如悲伤、恐惧、愤怒，但是情绪一旦产生，就是一个主观性事实，是没有对与错、应该与不应该之分的。

为什么这么说呢？我们来看一下大脑的结构。

前面我们讲过，大脑分为左脑和右脑，左脑负责逻辑，右脑负责情感，左右脑通过胼胝体的纤维束产生交流，从而作为一个整体运作。除了从左到右，我们还可以从上到下地来看大脑，把大脑想象成一座两层的小楼。下层大脑包括脑干和边缘区域，位于较低的部分，从脖子的上端到鼻梁的位置。科学家称，这些区域更为原始，它们负责身体的基本功能（比如呼吸和眨眼）、与生俱来的反应和冲动（比如打斗和躲避）和强烈的情绪（比如愤怒和恐惧）。而上层大脑的进化程度更高，它由大脑皮层及其他部分构成，尤其是额头后面那部分，包括所谓的中部前额叶皮层，它的功能非常复杂，例如做出明智的决策、控制情绪、自我认知等。下层大脑在孩子出生时就已经十分发达，但上层大脑要到一个人长到20岁左右才能够完全发育成熟。也就是说，大脑中有两个系统在同时工作，位于底层的“本能”系统，能够更快地接收到外界的信息，并且向身体传递指令，而位于上层的“理智”系统，虽然更加精密准确，但无论是接收信息还是传递指令，都只是间接的。

情绪，即源自原始的行为本能。虽然它们被人类语言赋予了名称和意义，例如悲伤、恐惧、愤怒、喜悦等，但究其本质，都是“要么趋利，要么避害”的本能的行为倾向。因此，情绪的产生是非常自然的，没有对与错，也没有应该与不应该。作为父母，我们需要接纳孩子在生活中产生的各种情绪，让他们明白，情绪并不是危险的，是可以与人谈论、与人分享和被人理解的。只有这样，他们才能学会欢迎自己所有的情绪，不会因为觉得某种感受的出现是“不应该”的，而极力否认这种感觉。

这很难。因为在我们小的时候，没有人会接纳我们的全部情绪。我们经常意识不到自己在对孩子的情绪说“不应该”。例如，姐姐正在搭积木，妹妹在旁边跌跌撞撞地学走路，把姐姐的积木碰倒了，姐姐气得大哭，伸手把妹妹推倒在地。我们会马上抱起妹妹，并埋怨姐姐：“妹妹不是故意的呀。”言外之意，其实就是：“你不应该这么难过或生气。”但是事实上，姐姐就是很难过、很生气呀，这种情绪的产生是本能的，与对方是否故意根本没有关系。长期被这样对待的孩子，慢慢地就会尽力阻止情绪的发生或者否认情绪的存在，尤其是会否认那些负面情绪。就像那些动辄被教训“不许哭”的孩子，明明已经悲伤得不能自已，却不敢掉眼泪。要知道，情绪一旦产生，并不会因为我们的阻截而消失，它必然会寻求另外的出口，通过另外一种方式释放出来，就像一壶烧开了的水，如果我们把盖子盖紧，水蒸气就会从盖子周围冒出来。有些表面上从来不哭的孩子可能会多动，或者脾气非常暴躁，就是情绪在寻找另外的表达方式。

很多妈妈也会觉得，接纳孩子所有的情绪，说得轻巧，但我就是做不到啊。例如，孩子的玩具丢了，很难过，哭着来找我，我的本能反应就是：真是烦啊，都这么大了，连个玩具都看不好；孩子抓到了一只蜘蛛，很兴奋地跑过来向我展示："看，妈妈，看我捉到了什么，好玩吗？"我却忍不住内心的厌恶，嫌弃地推开孩子的手……这些反应在我们的日常生活中特别常见，它提示着在我们的早年生活中，存在一些顽固的或者悬而未决的问题，导致我们无法同理孩子的感受。这里提供一种接纳孩子情绪的方法，即用一个简单的"镜像反射"来向孩子传递我们的感同身受。

什么是镜像反射呢？简单地说，就是像镜子一样让孩子看见他们所有的情绪，就像在镜子中看到他们的外表一样。科学家研究发现，人脑中有一种叫作镜像神经元的细胞在帮助我们像镜子一样感知别人的情绪情感，也像镜子一样模仿对方的行为方式。即当人们看到别人表现出某种情绪或某种行为时，他们大脑中的镜像神经元就会活跃起来，可以体验到同样的情绪，表现出同样的行为。例如，我们看到其他人打哈欠，自己也会被感染，而当别人大笑时，自己也会不由自主地发出笑声。

这是同理心产生的基础。但是，早年生活的经历可能让我们的很多镜像神经元被错构，导致我们难以共情和同情他人。幸运的是，镜像神经元是可以重新被激活和建构的。当孩子表达自己的情绪时，父母可以试着模仿他的声音、动作、表情和语言，像一面镜子一样做出回应。当你的行为和他的行为趋于一致的时候，你比较能够感受到他真实的感受。这个过程可以很好地重新激活我们的神经通路，体会到和孩子相同的情绪，同时也能更好地抚慰孩子的情绪。需要注意的是，一定要反射孩子所有的情绪，而不仅仅是你喜欢的那些情绪。反射孩子的微笑通常是很容易的，不容易的是将那些你自己不喜欢的情绪也反射回去，例如悲伤、愤怒、恐惧。这对于孩子学习、了解并接受自己的情绪至关重要。

当然，接纳孩子所有的情绪，并不意味着对孩子一味地妥协或纵容。必要的时候，也要对孩子说“不”。这里就需要用到我们上一篇讲到的共情技巧。例如，孩子咳嗽得很厉害，却想吃冰激凌，这当然是不被允许的。我们可以说：“你生着病，特别想吃冰激凌，但是冰激凌会让你咳嗽得更厉害。妈妈不能让你吃。你可以哭，也可以生气，多长时间都行，妈妈会一直陪着你。”这里有两层意思：第一，对于孩子此时此刻的难过或生气的情绪，你表示理解并提供适当的安慰，而不是否定指责他的情绪；第二，你不会因为孩子的情绪而改变你的做法，你的行为与内心是一致的，就是不能吃。如果你在拒绝孩子的同时又担心伤害到孩子，觉得很内疚，拼命地想提供安慰或者承诺某种补偿，孩子就会捕捉到这个纠结的能量，更加纠缠不休。而对于孩子来说，“吃不到冰激凌感觉很伤心、失落，所以我才哭”和“妈妈没有给我买冰激凌让我很不高兴，但我又没有办法，只能哭”，这是两种不同的感受。

/让情绪自然流动/

情绪是一种能量，天然地具有流动性。这种流动性是人与人之间进行良好沟通、彼此联结的关键。你是不是有过这样的时刻：感觉到你和对方之间，虽然沉默不语，却有丰富的情绪在空气里涌动，那些情绪被你的身体直接接收到，你们双方都能感受到它们。这也就是我们常说的“此时无声胜有声”。那一刻，你们能感受到两个灵魂的相遇与交流。

但是这样的时刻并不多见。更多的时候，我们常常觉得彼此之间隔着一道看不见的屏障，无法接收到对方真实的感觉，甚至无法向对方传递出自己真实的感觉，即使你们的关系非常亲密，是夫妻、父母与孩子。这个时候，情绪就无法自然地、健康地流动。

对情绪流动的阻碍，有一部分是缘于社会文化的影响。就是我们前面提到的，社会文化习惯于用好与坏、应该与不应该来区分情绪，因此，我们会否认一些“不好的”情绪，例如沮丧、愤怒、恐惧等。尤其是男性，他们被要求比女性更“坚强”，如果一个男人流泪，可能会被嘲笑，被认为是软弱的表现，甚至被认为“太娘们儿”。除了社会文化的影响，我们自身也会不自觉地回避情绪的流动。因为与人建立情感的联结，向别人传达自己真实的情绪，也就意味着我们“允许自己脆弱”“允许自己有被伤害的可能”，为了避免被伤害，我们会拒绝流露和传递真实的情绪。

例如，我自己以前对待情绪的惯性模式是：不接纳负面情绪，通过头脑里的自我说服、自我开导来缓解。这种方法通常是可以奏效的，而且随着自己储备的心理学知识越来越多，头脑的说服力会越来越强。但久而久之，会发现那些情绪并不是真的被疏导了，而是积压在心里了，甚至被压进更深层的潜意识，换了一种方式来控制自己。

举一个例子：

有一次我开车，不小心占了右转车道。在等红灯的时候，就把后面右转的车给堵住了。等待变灯的一分钟里，有两辆车的司机摇下车窗大骂："你到底会不会开车啊！""什么人啊，把路堵上，真缺德！"

而在这个过程中，我的情绪变化是这样的：最开始是愧疚——哎呀，怎么占道了呀；头脑立即帮我找借口——这条路我不熟悉，谁知道这条路的右侧车道只能右转，不能直行呢？这也不能怪我；被骂了，觉得很委屈——头脑里有一个声音：我又不是故意的，却被骂得这么难听，今天出行不顺，真是倒霉；被骂了好几次，我愤怒了——头脑里的声音说：不就是占了道吗？时间又不长，才一分钟，你们至于那么急吗？骂得那么难听，你们才缺德没素质呢；随后意识到自己的情绪过于激动——头脑开始开导我：别跟这帮人一般见识，反正我也不是故意的，他们生气是他们的事，跟我没关系。

至此，我基本平静了，似乎也不生气了。但情绪过去了吗？其实并没有，因为我仍然觉得身体很不舒服，内心依然翻江倒海。

为什么会这样？因为情绪是一种能量，如同我们在中学物理中所学到的，能量是守恒的，它不会消失，只会从一种形式转变成另一种形式。作为一种能量，情绪也不会因为你的压抑、抗拒或者逃避而消失，当情绪无法正常流动时，我们的沟通就会出现很大的障碍。在前面我们提到的“沟而不通”的各种形式，之所以沟而不通，都是因为它们阻碍了情绪的自然流动。

当情绪来临的时候，最好的处理方式就是承认它，面对它，体验它，然后释放它。所谓的接纳情绪，就是把注意力放在原来的情绪上，并仔细地体会它。

例如，当你被一些情绪——比如愤怒——席卷时，停止你所做的，将你的注意力拉回身体上，允许自己去感受任何你所感觉到的。问你自己：我现在身体里有什么样的感觉？比如拳头握紧、心跳加速、呼吸加快、胸口紧绷等。观察它，感受它，不要试图去改变它，让情绪从你身上流过，就像你淋浴时让水从你身体上流过一样。渐渐地你就会发现，你的情绪不再那么强烈，或者发生了某种变化。

让情绪自然地流动，还包含着“积极表达真实的情绪”这一层含义。把情绪转化为语言，通过沟通让这些情绪在两个人之间流动，才能够建立很好的联结。不夸张、不回避地向对方描述你的感受，不管是愤怒、伤感或恐惧，还是爱、关心、欣喜和需要，都一视同仁地表达出来。当然，我们也可以借助非语言方式来传达我们的情绪，例如眼神的注视和身体的触碰。对此在上一篇中我们已经有了比较深入的分析，这里不再赘言。

法则二：
自我觉察并反思负向情绪

/负向情绪源自“遗留事件”/

前面我们提到，情绪看似由外部事件所触发，其实是因为我们对这件事情的想法引发了我们的情绪，对于同一件事情，想法不同，所产生的情绪也不同。大多数时候，我们希望外部的人或事按照我们的想法发生改变，当外部的人或事没有按照我们的预期发生改变的时候，我们就会有一些负面情绪。

有一位妈妈向我诉苦，说孩子放学回家总是不肯先写作业，看课外书呀，看电视呀，玩积木呀，总是要拖到睡觉前一刻才匆匆忙忙地开始写，作业稍微多一点儿就会做到很晚。妈妈就总是忍不住各种催促、唠叨、说教甚至责骂，到最后大人孩子都不开心。她说，我也看过很多育儿书，还上过一些心灵成长的课程，知道作为家长应该给予孩子更多的爱和自由，全然地接纳孩子，可是在实际生活中我做不到啊。

我就问她，孩子回家后不肯先写作业再去玩，这件事为什么让你这么生气呢？她说，因为这样玩不踏实啊。我说，你为什么会这么想呢？她说，因为我小时候就是这样，我从小就是大人心目中的乖乖女，放学回家第一件事情就是写作业，写完作业再去玩，我希望我的孩子也能这样。

上面的案例中问题很清楚，对于孩子写作业这件事情，这位妈妈有一个想法：放学后就应该第一时间写作业，作业写完了，心里踏实，玩也玩得开心。她希望孩子能够按照她的想法做出改变，做大人心目中的乖乖女。当孩子不愿意配合妈妈做出改变时，妈妈就出现了很多的情绪。可是，这是妈妈的想法，并不是孩子的想法，写作业是孩子的事情，孩子有权利决定什么时候玩，什么时候写作业。写完作业才能玩得踏实，那也是妈妈的想法。孩子通常是“活在当下”的，如果不被干扰，玩的时候会很开心地玩，写作业的时候也会认真地写。如果孩子是故意磨磨蹭蹭地不写作业，说明孩子对于写作业这件事有恐惧，那是另外一个需要被解决的问题。就这件事情而言，妈妈所需要做的，就是诚实地面对自己，在觉察到有情绪升起时，观察它，体会它，看看会发生什么，而不是立即用惯常的方式做出反应，对孩子吼叫责骂。

很多家长会说，道理我都懂，可我就是做不到啊。我并不想对孩子大吼大叫，可是他们就是惹到我了，我特别生气，完全没有办法控制自己。的确，有些时候，我们会对孩子说出一些特别伤人的话，做出一些凶狠的举动，连我们自己都预想不到。这是一种失控状态，你被诸如恐惧、悲伤或愤怒的情绪淹没，这些强烈的情绪使你无法进行理智的思考，而采取下意识的反应，事后又觉得非常后悔和自责。没有父母会喜欢失控状态下的自己以及在这种状态下自己对孩子做出的行为，但是如果父母不进行反思，他们将不断地进入失控状态。

为了应对失控状态，我们必须尝试去觉察触发自己情绪的按钮是什么：为什么这件事、这个人、这种处境，对我来说这么难以接受？为什么我被激起愤怒、委屈的情绪？只有当我们对自己的内在行为模式有了觉知，才能修复创伤，摆脱过去生活的阴影，构建良好的人际关系。

那么，这个触发情绪的按钮到底是什么呢？

在电影《爱丽丝梦游仙境》里，女船长爱丽丝受到召唤重返仙境，为了拯救朋友疯帽匠而偷走了“超时光魔球”，展开了一场关于爱与寻找的冒险。疯帽匠小时候很崇拜自己的帽匠父亲，自己做了一顶帽子希望得到父亲的肯定，却受到了父亲的否定和批评。带着对父亲的怨恨，疯帽匠离开了家，表面快乐实则内心痛苦不堪地活着。后来他找到了自己帽子的碎片，原来父亲把他扔到垃圾桶里的帽子偷偷收藏起来了。他知道自己错怪了父亲，想对父亲道歉，可是父亲已经不在了。他没法像个孩子一样对父亲表达他的愧疚。这是他的心结，因为一直得不到解决，他处于内心的折磨中，病情越来越严重。当爱丽丝找到他的时候，疯帽匠已经病入膏肓，心中隐藏着对父亲“来不及道歉”的悔恨。

这种“来不及”的事件，在心理学上有一种专业说法叫“未完成事件”（unfinished business），也称为“遗留事件”。它指的是尚未获得圆满解决或彻底愈合的既往事件或情境，尤其是创伤性事件或那些艰难的情境，同时，也包含由此引发且未表达出来的情绪，例如悔恨、愤怒、遗弃感等。由于这些情感在知觉领域里并没有被充分体验，并随着时间的流逝进入了潜意识，会在无知觉中被带入现实生活，从而妨碍了自己当下的生活和人际关系。我们常常说，时间会疗愈一切。事实上，在心理学上，未经处理的情感创伤，随着时间的流逝，不仅不会真正消失，反而时间过去得越久，越难疗愈。

在我们的成长过程中，也有很多的遗留事件，它通常产生于我们童年与父母的互动过程中。当儿时的我们出现负面情绪时，往往没有得到父母很好的回应，它们不被允许，不被接纳，甚至被打击。长此以往，我们被压抑的负面情绪就不断累积，并且我们也吸收了父母这种对于负面情绪的回应模式，所以当我们面对自己的孩子时，也就没法接纳他们的情绪，甚至自己的情绪也被点燃，产生链式反应，导致一些不可控的行为。经常情绪失控的父母，会让孩子觉得恐惧和困惑，极大地破坏孩子的安全感。

我们来看一个案例：

一个3岁的小孩，正和爸爸一起在游乐场很开心地玩。因为很少有这样的机会和爸爸在一起，孩子特别兴奋，不停地跑来跑去、爬上爬下，大声地叫着“爸爸、爸爸”，吸引爸爸的目光。爸爸也很开心，看到儿子灵活地攀爬跑跳，内心升起作为父亲的喜悦与自豪。

玩得正开心时，爸爸接了一个电话，公司有一个临时的会议要他去参加，于是爸爸招呼孩子快点儿过来跟他回去。爸爸刚转身，迎面走来一个很久不见的熟人，于是两个人寒暄起来。孩子看到爸爸没有马上离开，就又跑回游乐场玩起了滑梯，滑了好几个来回后，看到爸爸还在聊天，就爬到滑梯的顶端开心地喊着“爸爸、爸爸”。

爸爸和朋友聊完天，回头没看到孩子，顺着孩子的叫声看过去，发现他正站在滑梯的顶端冲自己招手呢。爸爸的火气噌地就冒上来了，大声吼道："不是跟你说过了吗？马上回家。你怎么这么不听话，一天到晚就知道玩！"

孩子特别奇怪，刚才陪着我的那个开心的爸爸去哪里了？他才不想跟凶凶的爸爸在一起呢，于是哧溜一下从滑梯顶端滑下来，往与爸爸相反的方向跑去，想离凶凶的爸爸远一点儿。这个行为让爸爸更加生气了，于是爸爸几个大踏步走过去，一把拎起孩子往家里走去。

孩子吓坏了，他小小的身体腾空，不知道到底发生了什么，爸爸的大手弄疼了他，爸爸的表情也变得很狰狞，说话也恶狠狠的。孩子开始大哭起来，并且拼命地反抗。爸爸好不容易把孩子弄回家，丢给妈妈，恨恨地说："我以后再也不带你出去玩了，真是太难搞了。"然后气呼呼地去公司开会了。

我们来分析一下。本来是很开心的一次陪伴，最后两个人都闹得很不开心，为什么呢？表面上看，爸爸生气是因为儿子贪玩耽误了时间。事实上，儿子的行为并没有真正给爸爸造成影响，他只是利用爸爸和朋友聊天的时间多玩了几次滑梯。爸爸忽然生气是因为他发现开会要迟到了，可能他曾经有过开会迟到被领导在大庭广众之下训斥的狼狈体验，又或者他曾经因为开会迟到错过了一次非常好的合作机会，事情虽然已经过去了很久，但因此而产生的没有得到妥善处理的情绪并没有消失，现在相似的情境激活了这些情绪，他感到恐慌和焦虑，因此对孩子大吼大叫。但是孩子并不明白爸爸为什么忽然变得那么凶，他觉得害怕，想远远地离开爸爸，这是一种本能的反应，却更加激怒了爸爸。爸爸被激怒最可能的原因是，他小时候曾为了迎合父母的情绪而放弃自己的需求，他有一个信念，孩子应该为了父母更重要的事情而放弃自己的需要。现在自己的孩子居然没有为自己的重要会议而迎合自己，反而远远地逃开，这让他更加怒不可遏，情绪失控，对孩子做出了一系列在理智状态下不可能做出的行为。

未经处理的过去的经历经常会影响我们与孩子的互动，对孩子造成伤害。这样的例子比比皆是。

以最常见的分离焦虑为例。很多家长都担心分离会伤害孩子，为了保护孩子不受伤害，他们想时时刻刻都陪伴在孩子身边。但孩子终究是要长大的，有自己要去的地方，有自己的生活和朋友圈子，所以，当不得已的分离（例如入园）到来时，那些被家长保护得太好而从来没有机会体验短暂分离的孩子，往往是分离焦虑最严重的孩子。如果你也是这样的家长，那么最好反省一下自己对于分离的态度，在与亲人分开的时候心里总是惴惴不安、若有所失的很可能是你，而不是你的孩子。孩子觉察到这种不安，这增加了他的压力，因此哭闹不休，也让你更加焦躁。这些复杂的情绪交织在一起引发了一系列的反应，这些反应折射出的是你的童年经历。对分离感到恐惧和不安的家长，通常在幼年时期有过与母亲分离的不愉快的经历，例如你的母亲经常因为厌烦你的哭声而偷偷地离开家，你觉得自己被遗弃了，会一直寻找她，会因为不确定她什么时候才能回来而感到不安和多疑。而如果留在家里照看你的大人严厉制止你的哭泣，情况就会更糟，你的情绪得不到宣泄，沉入意识的深处。现在你有了自己的孩子，与孩子的分离唤醒了你记忆深处的被遗弃感，引起你一系列的情感反应。更为极端的情况是，你刚刚出生，母亲就因为某种原因离开了你，让爷爷奶奶或者外公外婆将你带大。你的情感依恋被破坏，经常觉得自己无依无靠，内心有着非常强烈的绝望和不安，这会极大地影响你成年后与子女分离的态度。

所以，如果孩子的某些行为会经常唤起我们情绪上“难以忍受”的反应，而我们对此没有清醒的认识，又不能做出解释和分析，我们以后与孩子的相处就会出现问题。我们应当反观自身，看是什么样的“遗留事件”在影响着我们，从根源上解决问题，改善与孩子的相处。

/让“遗留事件”浮出水面/

当我们情绪上“难以忍受”的反应被唤起，而我们又正处于某种外部压力之下，这种难以忍受的感觉很容易就将我们拉入失控状态，我们怒气冲天，口不择言，甚至动武。父母的这种情绪会让孩子陷入惊恐，不知道怎么办才好。父母对于孩子来说，本来应该是一个温暖的避风港，现在却成了恐惧和担忧的源头，这意味着将孩子置身于一个冲突的经验和感觉之中，如果孩子长期被置于这种冲突之中，他们就会对父母失去信任，默默忍受这种来自父母的敌对性的情绪反应。这种忍受会根植进孩子的内在意识，从而对他们日后处理自身类似的情绪造成很大的影响，并且会影响孩子和他人交往。

退一步讲，即使我们的理智足够强大，在面对这种情绪上“难以忍受”的反应时，能够死死忍住，装作没事儿一样，继续与孩子互动，结果会怎么样呢?

有位学员曾跟我分享了这样一件事情，是关于孩子玩iPad的。因为担心孩子玩iPad会影响视力，以前她会严格管控孩子看iPad的时间，有时候孩子看得正投入时，时间到了，她也会坚持让孩子关掉，孩子若不愿意，她就强行将iPad收走。在这样的管束之下，孩子对iPad的瘾越来越大，经常趁着她不在家时无休无止地玩。后来，她看了一些书，也听了一些课，知道要放下对孩子的控制，于是就在孩子玩iPad时死死忍住不去干涉。但她发现虽然没有直接干涉孩子玩iPad，在孩子玩iPad的那段时间里，她无论干什么都带着怒气，跟老公说话像吃了火药一样，夹枪带棒，给二宝洗澡时动作粗鲁弄疼了二宝，还大声地呵斥二宝不许哭，找个指甲剪拉动抽屉时都是恶狠狠的。

正如我们前面所说，情绪一旦产生，并不会因为我们的阻截而消失，它必然会寻求另外的出口，通过另外一种方式释放出来。这位妈妈虽然在孩子玩iPad时强忍着没发作，但这种“难以忍受”的情绪已经严重影响了她与其他人的互动，大家想象一下，如果这个时候，玩iPad的孩子渴了，大声叫道“妈妈，帮我倒杯水”，情景会怎么样呢？肯定是冲突一触即发，妈妈说不定会抢过iPad直接扔出窗外。所以，如果不能从根上探究为什么孩子玩iPad的行为会激起她在情绪上“难以忍受”的反应，这位妈妈终究会回到严格控制孩子玩iPad的老路上去，而且会变本加厉地控制。

反思问题的源头可以增进自我了解，对于防止再三进入情绪失控状态具有重要意义。譬如前文“在游乐场带儿子玩”的案例里的那位父亲，也许事后冷静下来，他会因为自己这么凶狠地对待深爱的儿子而感到羞愧，但除非他对自己的行为进行追问，理解了他的愤怒情绪的真正起因，并理解它们如何引发了特殊的反应，否则他将不可避免地在面对相似的情境时再次失控做出伤害孩子的举动。也就是说，只有通过反思觉察到自己内在的心理模式，找到让我们“难以忍受”的起因，才可以终止这种对孩子无意识的伤害，让亲子沟通变得顺畅。

有些家长会说，我知道是过去的经历造成了伤痛，让我无法控制自己的情绪，但是我不知道到底是怎样的伤痛让我这样。这是很正常的。由于大脑处理过去经历的特殊性，记忆可以分为内隐记忆和外显记忆，其中内隐记忆是早期非语言记忆的一种，自出生起就存在，并且活跃于人的一生。它会影响我们的情绪、感知甚至身体感觉，促使我们以一种并非出自自己意愿的方式来做出反应，但我们却意识不到这种影响来自于过去。它具有一个重要特征，人们称之为“心理模式”，通过建立心理模式，大脑可以对重复的经历自动做出反应。

举一个例子：

> 很多人有很严重的讨好情结，小时候要讨好爸爸妈妈，上学了要讨好老师，去医院看病要讨好医生，上班了要讨好上司，结婚了要讨好伴侣……为什么呢？这就是因为他们的内在生成了讨好别人的心理模式，这种心理模式的形成常常与生命早期和父母的关系有关，尤其是与母

婴关系有关。在他们幼年时期，父母对他们的爱都是有条件的，只有当他们满足了父母的需要，表现出父母所期望的样子时，才能得到父母的爱，他们才能感觉到自己是安全的，是不会被抛弃的。而当他们违背父母的需求和期望时，就会被父母所否定、批评，甚至打骂。为了得到父母的爱，他们不得不隐藏起自己的真实需求和感受，转而刻意地去做一些满足父母期待的事情。久而久之，就形成了一种行为模式，这种行为模式内化到他的生命中，成为人际关系中很难绕过的坎儿。

我们经常说，母婴关系决定孩子的一生，就是因为婴儿时期形成的内隐记忆对于人生具有非常重要的影响。如果我们在还是婴儿时，一直被妈妈的爱所包围，就会相信周围的人是爱我们的，反之，我们就会不断体会到各种负面的感受。这些负面感受作为内隐记忆储存在我们的大脑中，犹如一颗地雷，一旦被某些情境引爆，就会让我们重新体会到恐惧、悲伤和痛苦的感觉。

内隐记忆虽然深刻影响着我们的生活，但它是很难被提取的，它可能只是表现为某种闪回或片段，或者某种身体感觉。我们常常对某个情境会有似曾相识的感觉，却又说不清楚到底在哪儿见过，这就是种内隐记忆。因此，探寻源头事件并不是一件容易的事，它需要我们将意识之光带到过去，照亮那些痛苦的时刻，将内隐记忆转化为外显记忆。这样我们才可以处理过去的那些未被处理的情绪，并弄清楚过去的痛苦经验如何影响了现在的自己。

怎么做呢？我们先来看一位妈妈的分享。

自从女儿开始单独在自己的房间里睡觉，就养成了一个习惯：在熄灯躺下后，一遍遍地喊我，一会儿“妈妈，我想跟你说句话”，一会儿“妈妈，我想喝水”……我觉得她是故意打扰我休息，每次都不胜其烦，有时候也会吼她，强迫她不许再说话，赶紧睡觉。

这一天，女儿又像往常一样，刚刚躺下，就喊“妈妈，我想跟你说句话”，我想，又来了，这孩子怎么老是这样，就不能好好睡觉吗？真烦人。

我刚想如往常那般不耐烦地唠叨她几句，让她赶紧睡觉时，忽然意识到了什么，生生咽住即将冲口而出的话，把关注点拉回身体内部。我感觉到自己的身体有些僵硬，呼吸加快，胸口也有些闷闷的。我仔细感受着身体里的感觉，也就十几秒钟的时间，就觉得绷紧的身体变得松弛了。

我深深地吸了一口气，脚步轻快地来到女儿床前，俯下身子柔声问：“宝贝，你是不是想让妈妈再陪你一会儿？”女儿的眼睛一下子亮了：“对的。”她的声音充满了被理解的喜悦。“那妈妈再陪你两分钟？”“嗯，好的，两分钟后不管我有没有睡着，你都不用再陪我了。”于是我坐在床头，把她静静地拥在怀里。两分钟后我离开，女儿非常愉快地跟我说“晚安”，再也没有打扰我。

回到自己的房间，想起女儿那句“对的”，我被深深地触动，仿佛看到幼时的自己是如此渴望妈妈在睡觉前多陪我一会儿，可是妈妈还有很多事没有做完，我只能在她的责骂声中孤独地入睡，然后在深夜突然惊醒，再一次在哭泣中入睡。

我忽然明白了自己为什么在面对女儿睡前的种种黏人行为时，会如此烦躁焦虑。原来我正无意识地沿用母亲对待我的方式来对待我的女儿。特别庆幸这一次我及时觉察到了自己的情绪，并疗愈了自己。

我们来看一下这位妈妈是如何让意识观照到过去的痛苦时刻，并疗愈自己的。首先，在孩子的行为让她觉得很烦时，她及时觉察到了自己的情绪，并诚实地接纳了这种情绪，通过将注意力拉回身体的内部，关注身体的感受，让情绪得以释放。其次，当她平静下来，带着爱与孩子交流时，准确地捕捉到了孩子的感受和需要。孩子觉得被理解，带着满足安然入睡，一直以来困扰着妈妈的入睡问题得到了解决。再次，孩子充满喜悦的回应激活了妈妈的内隐记忆，让她看见了儿时的伤痛，进而明白是过去的经历影响了现在的自己与女儿互动的方式。过去的情绪被处理，妈妈也得到了疗愈。

这是一次非常棒的觉察和反思。在我们的童年时期，我们的父母不懂得爱与接纳，他们沿袭着上一辈教育子女的方法，对我们进行管教，留下了很多伤痛。虽然我们不止一次地发誓，以后一定不这样对待自己的孩子，但是当我们真的成了父母，在教育孩子的问题上，依然走上了老路。带着童年的那些情绪包袱，即使是孩子的正常表现，例如情绪化、脆弱无助，以及对我们的本能的依赖，都会让我们感觉压力巨大、无法忍受。在教育孩子这个问题上，我们好像失去了选择方向的能力，仅仅依靠“自动驾驶”盲目前进。当我们心烦意乱时，我们总是试图控制孩子的行为，事实上，让我们心烦意乱的，不是孩子的行为，而是因为我们的内在经验。

所以，当你发现自己对孩子的某种行为反应过于强烈时，先问问自己：“我怎么了？”当你开始这样问时，就说明你已经开始了对情绪的自我觉察。接下来，你自己回答自己：“嗯，我焦虑了。”再接下来，好好地和焦虑待一会儿，感受一下焦虑给身体带来的感觉，在这个阶段，有些人的焦虑情绪可能会消失，即使不会消失也会减轻。接下来，可以再深入一些，尝试对这个焦虑的情绪做一些分析：

你为什么会焦虑呢？

——因为孩子看电视的时间太长了，我很担心他会近视。

如果真的近视了，会怎么样呢？

——如果真的近视了，会影响学业，戴着眼镜也会影响形象，还会被嘲笑。

你为什么会这样认为呢？

……

这样层层追问下去，有可能会触摸到被深深地埋在心底的焦虑的种子。例如我在前面提过的那位严格管控孩子看iPad的妈妈，在这样的自我追问下，发现她对孩子看iPad的焦虑与她的童年经验有关。她小时候上学第一天，发现看不清黑板上老师写的字，父母带到医院一查，高度近视，医生怀疑家族遗传。作为班上唯一一个戴眼镜的孩子，她受尽了同学的嘲笑，同时，为防止视力变得更差，母亲从来不允许她看电视，当班上的女同学们课间围在一起，兴高采烈地谈论某个热播的电视节目时，她只能默默地独自待在自己的座位上。孩子看iPad的行为引发了她关于近视的焦虑，唤醒的是她童年岁月里那些从来不曾跟人提起的屈辱和孤独的感觉，这才是她焦虑的根源。

当然，更多的时候，我们对创伤性记忆的提取会困难重重。毕竟，那些情绪的碎片散落在我们的生命中已经很多年，想将它们拼凑完整并不容易。在《爱丽丝梦游仙境》中，爱丽丝拿到了魔球，回到了过去，看到了事情的前因后果。知道了真相的疯帽匠带着勇气和力量踏上了营救父亲及家人的道路，最后得到了父亲的肯定，他表达了对父亲的歉意，和父亲拥抱，让遗留事件得到了解决，也在内心与自己和解。我们也可以拥有自己的“魔球”，那就是在日常生活中对情绪保持觉察并记录下来，不断提升我们的觉知力，让意识之光照亮过去。

当你情绪不稳或者怒气冲天时，试着把这种情绪如实地记录下来。例如愤怒，什么人、什么事让你有愤怒的感觉？当你感觉愤怒时，身体感觉是什么样的？你最想采取的行为是什么？这样连续记录一段时间，你慢慢就可以回忆起你从前经历这些情绪的时刻，随着探究越来越敞开，你将回忆起越来越多曾经这样的时刻。

比如，你因为老公未经你的允许翻看了你的微信记录而感到愤怒，可能因此回忆起你在大学念书时室友私自翻看你的抽屉时你的愤怒，可能还回忆起青春期时母亲偷阅你的私人信件时你的愤怒，还回忆起你6岁时父亲没有敲门就进入你的房间时你的愤怒。你会发现，这些经历有着共同点：在这些经历里，你都觉得自己的隐私被侵犯了。虽然让你愤怒的人和事都在变化，但是让你愤怒的原因并没有变，你所感受到的愤怒也没有变，每一次它都会引发你身体里同样的感觉。你可以看到，你的愤怒始于对父亲和母亲的愤怒，经过你对室友的愤怒，一直延伸到你对老公的愤怒。每一个情绪都是一座冰山，情绪觉察日记写久了，你就会慢慢看到冰山底下掩藏的真相。

当然，重要的是，当你回忆起那些创伤经历时，不要指责或者批判自己，也不要指责或怨恨父母，设想你和父母都尽己所能地做到了最好，尊重自己的感受、情绪以及脑海中浮现出来的影像，给自己时间，疗愈自己。

/愤怒的背后是恐惧/

在前面几节，我们重点谈论了情绪的基本特征、负面情绪的根源。这一节我们将着重剖析愤怒这种基本情绪。为什么着重探讨愤怒呢，因为在我们的日常生活中，愤怒是最常见、最有危害，也最不容易被控制的一种情绪。

我们来看几位妈妈的困扰：

“我老公稍不耐烦就对我发脾气，而我也很容易被他的脾气点燃，忍不住恶语相向，并且声音比他更大。我知道这样以暴制暴不是办法，可是我控制不住自己。”

“我只要看到儿子在公共场合闹腾就气不打一处来。”

“我觉得根本没法跟老公沟通，尤其是在养育孩子的问题上。他对待孩子非常粗暴专横，又不肯更新自己在育儿方面的知识，也不肯做出任何让步和改变。有时候，我对他的所作所为非常愤怒，这种愤怒也影响了我对孩子的态度。有时候跟他吵过架，心情不好的时候特别容易对孩子发脾气。这让我特别苦恼。”

是不是都特别熟悉？作为一种基本情绪，愤怒在动物身上是与求生、争夺食物和配偶等行为联系在一起的。愤怒在人的生命过程中出现得比较早，研究表明，出生3个月的婴儿就有愤怒的表现。

那么，愤怒到底是从哪里来的，它有哪些表现形式，人们为什么会对愤怒这种情绪如此抵触，这背后的深层心理原因是什么，又应该如何处理我们的愤怒情绪呢？

所谓愤怒，是指当愿望不能实现或为达到目的的行动受到挫折时，引起的一种紧张而不愉快的情绪。一般来说，无论儿童还是成人，对他们强烈愿望的限制或阻止能导致愤怒的发生，即使是刚出生不久的婴儿，对其身体活动的限制也能激活他的愤怒情绪。如果限制比较轻微，或者被掩盖着，那么不至于立即产生愤怒。轻微的愤怒也可能压抑相当长时间，但只要限制或阻碍持续存在，愤怒终究会发生。

在我们的文化里，愤怒被认为是一种不好的情绪，是不应该出现的，即使出现了，也是需要“忍”的，即所谓“小不忍则乱大谋”。因为这样的文化影响，很多人都很难面对自己的愤怒，他们一方面不允许自己有愤怒这样的情绪，另一方面当有愤怒的情绪出现时，又不知道该如何调整和处理。

在沟通篇里，我们曾经说过，每一种情绪的背后都隐藏着未被满足的需求。愤怒也不例外。当人们对自己或者对外在的人和事感到愤怒和不满时，通常提示着有某种需要没有被满足。如果我们在日常生活中一味地压抑自己的愤怒，我们有可能会慢慢丧失觉察和满足自己需要的能力，活得很憋屈。

愤怒还是一个很重要的警告信号，提醒我们自己的利益被侵犯了。每个人都会有自己的心理边界，如果被侵犯，我们就会体验到不舒服的感觉，这时我们需要采取行动来维护自己的边界，让别人知道我们的底线在哪里。例如，当周围的人在你育儿的问题上指手画脚时，你会觉得很愤怒，如果你承认这种情绪的合理性，就有勇气对别人说“不”，而如果你压抑这种情绪，你的边界就会不断地被践踏，最终还是会忍无可忍，来一次大爆发。

所以说，愤怒其实是我们内心的一种声音，正如它的定义所描述的那样，它是当愿望不能实现或为达到目的的行为受挫时引起的一种情绪，是有积极意义的。它可以有一些合理的表达方式，例如拒绝。当自己的心理边界被侵犯时，温和而坚定地说“不”，让别人了解自己的底线在哪里。

人们之所以将愤怒的情绪视为洪水猛兽，唯恐避之不及，从表面上看，是由于我们的社会文化将愤怒打上了不好的标签，根源上还是与我们的成长经历有关。

一个孩子，当他还是一个婴儿的时候，饿了、困了，或者尿布湿了感觉不舒服时，会用哭声来寻求安慰和帮助，如果妈妈能准确地体察到他的需求并及时满足，他就会安静下来，而如果妈妈会错了意，给他的不是他真正想要的，或者妈妈因为正在忙其他的事情而顾不上他，他就会用更大的哭声来表示他的愤怒。一个崇尚亲密育儿并且内心有觉知的妈妈会允许这种表达，但更多的妈妈会被孩子用哭声表达出来的负面情绪所左右，而忽视孩子真正想要表达的内心需要。她们往往会不耐烦地呵斥："哭什么哭，有什么好哭的。""再哭再哭，我把你扔出去。"等到孩子渐渐长大，开始学会用语言来表达内心的感受和情绪时，遭到的依然是堵截和压制。

我们可以回想一下，幼年的记忆里，当我们觉得生气的时候，身边的人尤其是父母的反应是什么。是不是总是很严厉地制止我们："不许发脾气，有话好好说。""有什么好生气的，不许哭。"温和一点儿的会说："生气的小孩不乖哟。""你再生气，我就不给你好吃的东西了哟。""脾气这么不好，没有人会喜欢你的。"久而久之，孩子会觉得用这样的情绪来表达内心的感受和需求是不好的，甚至会觉得表达内心的感受与需求也是不好的。他在无意识中认同了这些想法。当他长大成人，有了自己的孩子，也会无意识地沿袭父母对待他的方式来对待自己的孩子，代代相传。

人有很多情绪，快乐、悲伤、焦虑、忧愁、愤怒等，但是最原始的情绪只有两种，爱和恐惧。所有的正面情绪都来自爱，所有的负面情绪都源于恐惧。而恐惧的情绪如果深入探究下去，往往也是源于对爱的渴望。爱与恐惧是一体两面的。

愤怒也是源于恐惧。一个愤怒的人看上去毫不畏惧，事实上他是非常惊恐的。因为我们不喜欢让别人知道我们害怕，为了隐藏起这种感受，我们就用愤怒来武装自己，攻击他人，让自己看起来比较有力量。事实上，真正有力量的人并不具有攻击性。因此，当你怒气冲天的时候，真正要面对和处理的并不是愤怒，而是恐惧。

例如，孩子没有按时完成作业，你觉得很愤怒。为什么呢？因为你担心孩子的班主任会找你谈话。再深一层，可能是害怕别人说你不是一个好爸爸或好妈妈，没有培养出孩子好的学习习惯。再深一层，可能是害怕别人认为你没能耐，连个孩子也管不住。像剥洋葱一样，一层层剥下去，才能找到你真正的恐惧是什么。

总的说来，愤怒背后的恐惧表现为4个方面。

第一，害怕被拒绝、失去爱。

这一点在亲密关系中表现得尤为突出。我们往往会对亲密的人要求非常苛刻，例如秒回微信，随叫随到，当他们做不到的时候就开始歇斯底里，各种抱怨和指责。

谈恋爱的时候，如果对方没有及时接电话或者回微信，就会一遍遍地打，同时情绪开始累积，对方终于接起电话的那一刻，愤怒的情绪就倾泻而出。这种经验可能很多人都会有。如果在愤怒的时候，我们愿意停下来，去体验这种情绪，就会发现，我对你愤怒，是因为我需要你，需要你在我身边陪着我，关心我，爱我。这是一个事实。但是如果我开口表达我的需要，你才满足我，那感觉就像一种施舍，好像我在乞讨你的爱一样，乞讨得来的爱，怎么可能是真爱呢？再说，我需要你，也意味着你可能不满足我。我害怕你会拒绝，所以我不能直接说出我的需要，只能通过愤怒的方式来表达自己的不满，让你知道自己错了，主动满足我。更深一层，我需要你，那么你就掌控着我。那万一你不爱我了，抛弃了我怎么办？你伤害了我怎么办？这是极深的恐惧，我们却习惯于用愤怒来表达，因为愤怒会让我们显得强大。

第二，害怕事情失去控制。

在关系中，我们会本能地追求一种掌控感。无论是亲密关系、亲子关系还是普通的社交关系，只有当我们觉得自己能够对周围的人或事施加影响时，我们才觉得自己是有价值的。当我们觉得有些东西没法控制时，就会非常焦虑不安。

这种害怕失去控制的感觉在亲子关系中表现得尤为明显。我们总是希望孩子听我们的。孩子小的时候，我们追着他喂饭，逼着他睡觉，管制他看动画片的时间，因为觉得如果我们不这样做，他就不会好好吃饭，不会按时睡觉，不会自己关掉电视，会把自己的身体弄坏。等孩子长大了，我们又帮他决定念哪所大学，找什么样的工作，交什么样的朋友，甚至孩子结婚了，也要对他的婚姻生活横加干涉。似乎不这样，孩子就会把自己的人生过成一团糟。但这是真的吗？孩子真的什么都不懂，需要什么都听我们的，他的人生才会比较幸福吗？恰恰相反，那些较少被父母控制的孩子，长大后幸福的可能性更大一些。

我们以爱之名行控制之实，当孩子拒绝时，我们将愤怒的火苗烧向孩子，迫使他们屈从，不过是在掩盖我们害怕失去控制的恐惧罢了。

来看一位幼儿园老师的讲述：

旭旭是新入园的3岁男孩，听说他不太善于表达自己，喜欢在地上打滚哭叫，与老师和小朋友的相处都有些困难。教室里时不时会传出他的哭喊声。

今天，是我带班。旭旭从角落里拿了一个玩具盒，自己打不开，先是“嗯嗯”了几声，接着拍打着玩具盒开始大声哭泣，再接下来就满地打滚又哭又叫。

我一下子慌了神，觉得脑袋里一片混乱。一个声音说，这个孩子真是有很严重的问题呀，怎么可以这样呢？要赶紧制止。另一个声音说，他只是不知道该如何用语言表达自己的需要，是着急。

没有等我想好怎么办，孩子们已经被旭旭的哭喊声惊动了，纷纷停下手里正在做的事情向这边张望，开始有些吵闹的声音。我不能让旭旭影响课堂。于是，我冲过去，一把拖起在地上打滚的旭旭，声色俱厉地大声吼道：“别哭了，再哭我把你关到教室外面去。”

旭旭惊呆了，哭得更大声了。我也惊呆了，觉得自己的行为好可怕，我是一名幼儿园老师，怎么能这样对待一个需要帮助的孩子呢。后来，旭旭的哭声惊动了其他的老师，他们赶过来处理。我甚至都不敢面对他们，觉得真是太丢脸了。

后来，我反思了一下自己的行为，原来我是害怕我没有办法解决旭旭的问题，担心事情失去控制，心慌意乱之下，本能地选择了用权威镇压。

这是一次很好的觉察。愤怒往往会制造暴力，看起来是一种非常有力的表达，背后其实是深深的无力感，害怕失去控制，因此用暴力让对方屈服，以便让一切看起来仍然在控制之中。

第三，害怕遇到危险，包括身体和心灵两方面的。

有些动物在面对比它更大的动物的威胁时会发出叫声，比如低沉的咆哮。它们不能自卫，因此它们竖起背上的毛发，露出自己的牙齿，希望以此威慑对方，逃离危险。在人类社会，愤怒也起着相同的作用。一个愤怒的人是一个受到惊吓的人，因为受到了惊吓，所以发动攻击。

来看一个场景：

在公园的游乐场里，一位奶奶正失魂落魄地四处寻找刚才还在玩滑梯的孙子，找了好一会儿，终于在离滑梯有点儿远的攀爬架上发现了孙子的身影。他正站在上面开心地冲奶奶挥手呢。奶奶迅速冲上去，一把把孩子拽下来，恶狠狠地戳着孩子的额头，骂道："你找死呀！你是不是想气死我！下次再乱跑，让人家拐走算了！"奶奶的气还没有消呢，接到奶奶电话匆匆赶过来帮着寻找的妈妈也刚好找到了这里，一看见儿子，二话不说疯了似的扯过儿子就打屁股："叫你乱跑，我打死你！"见此情景，旁边有些家长赶紧劝慰，更多的家长则表示感同身受："是该打，这么不听话，真被拐走了根本找不回来。"

社会上孩子被拐卖的事情屡屡发生。"一不留神，孩子就被拐走了"是父母内心的深深恐惧。当奶奶和妈妈发现孩子不见了踪影，恐惧就被激发了。而见到孩子的那一刻，极度的恐惧迅速转化成极度的愤怒，发泄在孩子身上。对孩子生命危险的这种恐惧我们做父母的都能感同身受，因此会对那些因为恐惧而将愤怒宣泄在孩子身上的大人，怀以理解和同情。

这也就是社会上出现的一些危害孩子身体和心灵健康的事件会激起公愤的原因，例如食品安全、恋童癖。愤怒的背后是深深的恐惧，我们担心孩子会被伤害。

第四，害怕自己没有价值。

个体心理学认为，人类行为以目的为导向，所有行为的首要目标都是在一定的社会环境中追求归属感和价值感。自我价值的缺失是愤怒的核心起因，它是一种无力感。所谓无力感，就是将自己看得没有价值，认为自己无法对任何人或事产生影响。当你感到自己没有价值的时候，你会对生活充满恐惧，你活在痛苦中，试图将你的生活改变成你想要的样子。愤怒就是因为你没有将世界安排成你想要的样子而产生的挫败感。怒火看起来是针对某个人、某件事，实际上是对世界没有如我所愿的抗拒。害怕拒绝、恐惧不被爱也好，害怕失去控制也罢，归根结底，是因为我们的自我价值感很低，我们不爱自己，觉得自己不够好，因此迫切地需要别人的认同，或者通过对别人的控制来制造我是有价值的假象。

来看一个案例：

某天，乔约了自己的好友一起逛街，让她帮着参考挑选一条裙子。两个人看中了同样一款，却不知怎么在颜色的选择上发生了分歧。朋友建议她选黄色，理由是乔皮肤偏黑，黄色可以提亮肤色，穿在身上也更显瘦。乔心里知道朋友说的是对的，却在那一刻，不知道是从哪里来的无名火气，冲着朋友吼了过去："谁要听你意见了？我就是喜欢粉色，干吗什么都得听你的！"随后悻悻地抓起粉色的裙子付了账。朋友自然被这突然而来的怒气弄得莫名其妙，原本愉悦的周末聚会变得尴尬至极。乔呢，虽然按照自己的心意，买了粉色的裙子，却越看越不顺眼。

谁都不喜欢被别人指手画脚，这很正常。但是朋友是乔自己特意约来的，就是为了能在买衣服的时候有个人帮着参考，两人意见不合这很正常，何至于突然动怒，甚至故意对着干呢？乔回忆起当时发怒的情景，意识到她之所以突然发怒，是因为朋友好像说什么都是对的，那种条分缕析、头头是道，似乎永远正确的样子让她觉得非常不舒服，这让乔想起了自己的姐姐。乔的姐姐非常优秀，从小到大，她一直活在姐姐的阴影里。在家里，妈妈会说："你要听姐姐的话。"在学校里，老师会说："你要向姐姐学习。"姐姐也非常喜欢干涉她的生活，小到吃饭穿衣，大到交友考学，都要提建议，说是建议，其实就是替她做决定，乔想不听从也不行。在姐姐面前，她的自我价值感很低，常常觉得很无力，而朋友的行为唤醒了她的这种无力感，让她瞬间感到愤怒。

恐惧自己没有价值，害怕被别人视为不重要或者没出息的人，这才是愤怒的真正起因。犹如一座巨大的冰山，愤怒只是露出海面的那部分，被掩埋在底下的，是深深的恐惧，而最底下的那一层，就是对自我价值感缺失的恐惧。当你挖到这一层的时候，你的愤怒就可以被反转，成为你生活中的积极力量，你就不会再去责备他人，而是尊重现有的一切，同时充满激情地寻找建设性的改变。

/疗愈我们的愤怒和恐惧/

不管我们的愤怒源自哪种恐惧，都会给自己和孩子带来一定伤害。那么，我们应该如何表达和处理我们的愤怒呢?

首先，我们应该客观地看待愤怒，建立起一种“我们可以愤怒”的内心自由。与其他情绪一样，愤怒是身体对外界刺激的一种基本的生理反应，是一种正当的感受。也就是说，我们应该容许自己和孩子体验内心的愤怒感，并尽可能不去抑制它。

其次，在日常生活中保持对愤怒情绪的觉察。当我们感觉到自己要发怒时，停止你所做的，将你的注意力拉回身体上，允许自己去感受任何你所感觉到的。渐渐地你就会发现，你的情绪不再那么强烈，或者发生了某种变化。每一次，当你感觉到愤怒时，在你采取你通常在这种感受下会进行的行动之前，比平时多感受它一分钟，并且逐渐延长这个你以惯常的方式去采取行动之前的时间。这样坚持一段时间，你会发现，你对情绪的觉察力越来越强。

再次，当你平静下来后，认真地思考一下你为什么会发怒。外界的人或事只是一个导火索，真正让我们的情绪燃烧的是我们对于人或事的想法和信念。思考你发怒的真正原因会让理智回归，对自己的行为多一些自省。如果你发现你的愤怒是因为内心的某个伤痛所触动，那么就深入觉察我们怒火背后到底隐藏着怎样的恐惧，可以用写觉察日记的形式尝试着探寻我们内在的心理模式。

最后，我们要学会合理地表达愤怒。任何一种情绪后面都隐藏着一个美好的需要。当我们觉察到自己愤怒的感受和隐藏在这个感受背后的真正需要，就可以尝试着将这种感受和需要传达出来。同时，正如我们在前面所提到的，语言表达是一个整合左右脑的过程，将感受转化为语言，大脑便更能够管理行为，尤其是对于孩子来说。

法则三：提升对情绪的感受力

前文我们讲了负面情绪的来源，并重点分析了“愤怒”这种情绪。大多数时候，我们内心充斥着自己的想法、感受和情绪，总是从自己的角度去评判孩子的所作所为、所思所想，很难真正关注孩子的内在发生了什么，我们却身陷其中而不自知。这让我们与孩子的沟通常常陷入困境。

比如，孩子说：“我喜欢吃白饭拌酱油，不喜欢白饭里配青菜。”作为父母，一般都会这么回应：“白饭拌酱油没有营养，要多吃青菜，青菜含维生素比较多。”如果孩子坚持自己的意见，就要吃白饭拌酱油，不吃青菜，很多父母就要发火了。其实，“我喜欢吃白饭拌酱油”就是孩子的一个感受，一个让自己感到舒服的感受——喜欢。而父母的回应对孩子来说意味着：你喜欢吃什么没有关系，你的感受我也不在乎，我在乎的是怎么吃才有营养。这个回应是父母的想法和念头，根本没有关注孩子当下的感受。

对于很多父母来说，体验对方的感受是一件非常困难的事情，但这又是一件非常重要的事情。我们先谈一下感受。很多人会把想法和感受混淆。

我们看下面两句话：

句子1：我觉得我拉不好小提琴。

句子2：我现在很纠结。

句子1中尽管有“我觉得”，但是这句话表达的不是感受，是一个想法；句子2中的“纠结”，是表示当下心情的一个词，所以句子2表达的是一个感受。

感受，就是你身体某个器官的感觉或经验。比如说你很紧张的时候，你的心会缩成一团，或者你身上觉得很热、不舒服。大多数的感受都会和身体的某些器官相关。这也跟身体的敏感度有关，身体越敏感，捕捉感受的能力也越强，你捕捉自己感受的能力越强，捕捉对方感受的能力也就越强，同理对方的能力也越强。有的人很会同理别人，有的人就很难同理别人，即使练习再多技巧，也很容易把一切过错归结到对方身上——“都是你的错”“都是因为你，我才这样”。

我们来看下面的例子：

一位女士向我倾诉，每天晚上她老公都会躺在床上玩手机到很晚，她怎么也睡不着。我询问她当时的感受，她说："我觉得老公一点儿也不体贴我。"我提醒她，虽然她用了"觉得"这个词，但她表达的是一个看法，而不是感受。我请她再试着表达感受。她说："手机屏幕的亮光非常打扰我的睡眠。"我告诉她，这依然是一个看法而不是感受。她又想了想，很沮丧地说："我不知道我的感受是什么。"

这是很常见的一种现象。罗洛·梅[1]认为，"成熟的人十分敏锐，就像听交响乐的不同乐章，不论是热情奔放，还是柔和舒缓，他都能体察到细微的起伏"，但大多数人的感受"像军号声那样单调"。很多人都对自己的感受毫无意识，自然就更谈不上如何有效地表达自己的感受了。尤其是男性，因为被要求独立坚强、有泪不轻弹，他们非常疏离于自己的感受，甚至非常排斥和反感自己的感受。

我们前文提到积极倾听，倾听的就是事实和感受。为什么感受这么重要呢？为什么在倾听对方时，一定要说出对方的感受呢？

我们来看一个案例：

---

[1] 罗洛·梅（1909—1994），美国心理学家，被称为"美国存在心理学之父"。

我女儿很喜欢吃粽子，有一天早上起来，阿姨没有做粽子。她看到只有白粥，就不开心。我上去抱着她，让她坐在我的腿上，和她有了下面的一段对话：

女儿：我要吃粽子。

我：早饭没有你喜欢吃的粽子，但你很想吃。

女儿：我想吃昨天的粽子。

我：嗯，你想吃粽子了。

女儿：是的呀，我都说过了，我想吃粽子。

我：（沉默）

女儿看了看我，又继续念叨要吃粽子。

刚学习积极倾听，我们容易犯一个错误，认为无论孩子说什么，我们都要有一个语言回应。于是，孩子说一句，我们就回应一句，鹦鹉学舌般地重复孩子所说的话。其实很多时候，孩子只是沉浸在他的情绪里，他的语言表达只是一种情绪的宣泄，我们只需要保持沉默，或者用其他肢体语言传达我们的接纳就好了。而另一个常见的错误就是，我们对孩子的信息反馈中完全没有涉及孩子的感受或情绪。

回到上面的例子。女儿想吃粽子，我鹦鹉学舌般地回应并没有让她的情绪好转。后来，她干脆就躺在地上哭起来了。我有点儿不知所措，忽然意识到，我对孩子的回应里只反馈了事实（她想吃粽子），却完全忽略了她当下的感受。

下面是我们接下来的对话：

我：（坐在她身边，拉着她的手）没有你想吃的粽子，你感到很难过。

女儿看了我一眼，哭声小了点儿，继续念叨要吃粽子。

我：你现在觉得不舒服。（没有再提粽子的事情，只是回应了她的感受）

女儿不哭了，也不念叨粽子了，继续在地上躺着。

我：（沉默了一会儿，把耳朵贴在她的肚子上）让我听听你的肚子在说什么。我听到你的肚子说，现在很饿，想吃东西啦。

刚好她的肚子响了一下，就笑了起来，摸着我的头坐起来了。

我：你肚子饿了，不过可能没有你喜欢吃的东西，可是白粥吃起来应该也很舒服。

后来，女儿就问阿姨有没有豆腐乳，因为她爱吃豆腐乳配白粥。接着她就吃起了白粥，再也没提起粽子了。

让我们分析一下这个倾听过程。最初，我的回应聚焦于女儿想吃粽子这个事实，总是提到“粽子”，所以她的焦点也在“粽子”，沟通一度陷入困境。后来，我捕捉到了孩子的感受，并进行反馈。孩子的焦点也就回到了感受，当她觉得自己被看见了、接纳了，情绪自然就好转了，也就不在粽子的问题上纠缠不休了。

不难看出，在上面的案例中，“粽子”是事实，是外在的；而“难过”是感受，是身体的东西。我们讲倾听孩子的情绪，强调全身心体验孩子的感受并表达出来，就是引导孩子把焦点从外界转移到自己的内在，看一看发生了什么。这种引导会让孩子认识自己的感受并慢慢学会表达自己的感受，学会向内审视的孩子不会轻易将不愉快的感受归因于外界或他人。

我们现在经常讲情商。有一种说法是：15%的智商+85%的情商=成功。我们的教育一直关注的是提高智商，对情商的关注特别少，导致有些人智商很高但情商很低。比如，以前我有个同事，是个技术员，特别聪明，业务水平很高，任何机器设备出了故障，他都能解决。但他情商很低，不会协调各种关系。这种人就没法当厂长，甚至车间主任都当不了，公司只好额外给他一些补贴，作为奖励。

感受身体的能力也是情商的一种，称为体商。我们前面提过，大脑可以分为左右两个部分，当有突发事件发生时，身体的本能反应，也就是右脑的反应速度要快于左脑的分析和思考。当身体的感受能力提高，我们应对和处理危机的能力也会相应提高。而面对突发事件，一个人越敏感，越可以捕捉到事物微小的改变，就可以提前预知事情的发展方向，未雨绸缪。这种“见微知著”的能力可以让我们抢占先机，更容易获得成功。

本章小结

皮肤是我们人类身体里最大的一个器官，皮肤保护我们不受外界的伤害，也让我们能够很好地感受外界、认识外界。作为父母，可以这样说，我们是孩子的心理皮肤。孩子通过父母认识外面的世界、感受外面的世界。在感情世界里，父母在陪伴孩子的过程中，如果能够以孩子的感受为感受，并且回应孩子的感受，那么孩子就会在自己感受的基础上派生出自己更多的感受，形成自己内在一个真的自我。如果父母不允许孩子以自己的感受为感受，比如孩子没有觉得冷，但是父母认为孩子冷，那么孩子就会在父母感受的基础上派生出各种感受，形成自己内在一个假的自我，慢慢地就会更多地关注外界，而不是自己内在真实的感受，最终和自己的身体感受分离，和自己的身体智慧分离。所以，父母如果在养育孩子的过程中，能够将自己这面感受的镜子擦干净，那么就能够很好地反射出孩子真实的自我，从而让孩子也能够活出真实的自己。

PART 03

信念篇

相信孩子，相信自己

3

对于同一件事情，每一个人的想法都不同，而这种想法的产生，与我们的信念系统有关。例如，我们总会认为孩子这里做得不对、那里做得不好，从表面上看，是孩子的所作所为让我们很生气，实际上是有一个信念在操纵着我们。这个信念就是：孩子是不懂事的，我如果不管他，他就什么都做不好。

法则一：

建立积极内在信念系统

在上一篇里，我们提到，情绪看似由外部事件所触发，其实是因为我们对这件事情的想法引发了我们的情绪，对于同一件事情，想法不同，所产生的情绪也不同。而这种想法的产生，与我们的信念系统有关。就如同我们前文所举的那个例子，放在面前的半杯水，你可以认为它是半满的，也可以认为它是半空的，这个结果取决于你如何看它。信念与我们的生活、我们的一举一动息息相关。它严密操纵着我们生活中的每一件事，并且决定了我们的想法和行动。

同时，我们依靠内在的信念系统对外部世界做出各种评判和反应。例如，我们总会认为孩子这里做得不对、那里做得不好，与孩子之间冲突不断，从表面上看，是孩子的所作所为让我们很生气，实际上是有一个信念在操纵着我们，让我们对孩子说出这样那样的话。这个信念就是：孩子是不懂事的。我如果不管他，他就会把自己弄得很糟糕，就什么都做不好。当我们带着这个信念与孩子互动时，我们就不能真正看到孩子、尊重孩子。即使你接触了很多很好的育儿理念，如果不能回到自己的内在，认清这个信念系统，你还是会不断地回到控制孩子、干涉孩子的老路上去。

那么，什么是信念？它是从哪里来的？它是如何操纵我们的生活的？我们又该如何审视内心的信念并将之转化为生活中的积极力量呢？

一个朋友打电话给我诉苦。

他：唉，我怎么这么倒霉啊，我们家热水器坏掉了，没办法洗澡，租个房子真是不省心啊，花了一大笔钱，连个热水澡都不能洗。

我：你跟房东说说，让他找人来修一下不就好了。

他：我跟他说过了啊，他说修理费各出一半。凭什么嘛，这根本就是欺负人，气得我昨天饭也没吃好，觉也没睡好，都想搬家了。

我：你想过没有，你搬家的成本远远大于你修热水器的成本，而且搬到新的地方，你也不能保证就不会出现问题，房东也许还不如现在这个好呢。

他：我花了钱，就应该住得舒心，可是总有莫名其妙的麻烦事。我就是倒霉，你看我买了那么多年彩票从来没中过奖，今天早上出门，走着走着和对面的人撞个满怀，对方的手机掉地上摔破了，扯住我不放，非要我赔钱。你说我是不是很倒霉？

我不禁哑然失笑。于是不再说什么，听着他在电话里说了很久，都是自己如何倒霉，如何不幸，似乎世界上不好的事情全都找上了他。然后，我也想到了自己。我也租过房子，电器坏掉、下水道堵塞那是常有的事，奇葩房东也遇到过不止一个；我也买过彩票，也从来没有中过奖，逢年过节微信群里大家抢红包，我一般都是抢到最少的那个……这样的事情还有很多，可是，如果不是这位朋友的电话，我竟然从来没有意识到，其实我也是蛮“倒霉”的。

可见，倒霉还是不倒霉，事情都在那里。重要的是，你如何看待你遇到的那些事情。

/审视自己的内心/

所谓信念，就是人们对“事情应该是怎样的”或者“事情就是这样的”的主观判断。上面案例中，我的朋友在热水器坏掉这件事情上觉得自己倒霉，是因为他认为，既然付了房租，就应该安心享受房间里的一切设施，如果出了问题，就应该由房东来解决。因为房东不愿意解决或者不愿意以他所希望的方式解决，他就会觉得自己“很倒霉”，并因此关联起一系列的事情，来证明“我是一个倒霉的人”。

信念会操纵我们的生活，是因为信念绝大部分都存在于潜意识里，只有当我们感觉受到冒犯或挑战，进行自我反省的时候，信念才会在意识层里出现。这也就是我们前面一再提到的自我觉察。面对孩子，我们很容易让一些批评指责的话脱口而出，就是因为内在的信念系统在作祟：孩子什么都不懂，是需要教的，而这种教的方式就是指出他们做得不对的地方，让他们改正。我们以为这样孩子就会越来越好，事实上呢？孩子要么越来越不听话，凡事都要对着干，身上的坏毛病也越来越多，要么就慢慢失去主见，人云亦云，做事畏首畏尾，因为害怕出错而不愿意去尝试新事物。

我们来看一个例子：

有一位妈妈说，她的孩子一点儿也不自信，问我如何才能培养孩子的自信心。我问她，你为什么会认为你的孩子不自信呢？她说了一件小事：

孩子在学校做了一个小玩具，跟别人做得不一样，老师不仅没有表扬他，还责问他：“你为什么做得跟别人不一样？”孩子特别委屈，回家跟妈妈哭诉。这位妈妈说，如果是一个很自信的小孩，应该不会因为老师的评价而感到那么难过，甚至他可以坚持说自己也做得不错啊。他什么都不说，只知道回来哭。这不是没有自信是什么？

的确，有自信心的人面对外界的批评，会有勇气坚持自己的观点，或者将这种批评视为一次成长的机会。但是，面对批评觉得委屈难过，难道就是不自信吗？对于小孩子来说，老师在他心目中往往是像“神”一般的存在，被这样的人批评说几句，心里自然会不舒服，这是正常的心理反应。其实每个人在面对外界的批评时，产生情绪都是在所难免的吧？这位妈妈认为，没有勇气面对批评或者坚持自己就是不自信，这是她的一个信念。

从某个角度说，我们的生活，事无巨细，都被信念所操纵。那么，信念是从哪里来的呢？信念产生于一个念头，但这个念头并不是一开始就让我们深信不疑的，它必须经由经验才能牢固地存在于一个人的思想中。所以，一个人成长过程中的经验是信念最主要的来源。

以一个个案为例：

有一位男士，和别人约定好的时间总会迟到。和朋友聚会，与客户会谈，甚至参加公司很重要的会议，他都会迟到，为此丧失了很多合作的机会，甚至差点儿丢了工作。他特别苦恼，来找我做咨询。可是做咨询他也会迟到，每次都是我等他。我于是引导他持续深入地向内心探索，终于找到了那个妨碍他的深藏于内心的信念：等待别人是一件很傻的事情，是会被嘲笑甚至羞辱的。

为什么会形成这样的信念呢？原来他很小的时候妈妈就去世了，在他六七岁的时候，爸爸跟另外一个女人结婚，将他留给爷爷奶奶抚养。他一直都特别渴望爸爸能回来看他，跟他住在一起。有一次，他爸爸说要带着继母和继母生的妹妹来看他，并在家里住几天。他特别开心，帮着爷爷奶奶准备好一大桌饭菜等着他们。结果从中午等到晚上，饭菜都已经凉透了，爸爸他们还没到。他饿得肚子咕噜直叫，仍然强自忍着，想等爸爸他们到了之后一起吃。等他们终于到了，已经是夜里很晚了。继母看着一桌子没有动过的饭菜和饿得头晕眼花的他，嘲笑他说："你怎么这么傻呀，这么晚了，不知道自己吃饭吗？"这句话如同一盆冷水兜头浇下，他炽热的期盼团圆的心瞬间冰凉。那一刻，他发誓：再也不要等别人了，再也不干这么傻的事了。

我们做一件事情，就会产生一系列后果，通过这种"行为—结果"模式，人们就可以得出一个结论——我采取什么行为，就会得到什么结果，从而形成一种信念。就像这位男士，他忍着饥饿等父亲一起吃顿团圆饭，却被无情地嘲笑为"太傻"，从而让他形成了"等待别人是一件很傻的事情"这样一个信念，正是这个他没有觉察到的信念操纵着他的生活，给他的人生带来了很多麻烦。

当然，有时候，这种形成信念的经验也可能并不是自己的亲身经历，而是来自别人的经验。

有位女士一直觉得她老公不是她想要的那类人，和老公没法沟通。后来因为工作原因结识了一位男士，很谈得来，对方也很照顾她，慢慢地就有了感情。两人来往了七八年，最近对方表示如果她愿意离婚，他可以娶她，并且也能接受她的女儿。这位女士就很纠结：到底要不要离婚？同时也很困惑，自己从小就是一个循规蹈矩的好孩子，这种事情怎么会发生在自己身上呢？

后来这位女士谈到了自己的原生家庭，说她爸爸年轻时长得很帅，也很有才情，在当地小有名气，而她的妈妈各方面都很一般，周围的人都觉得她妈妈配不上她爸爸，甚至她自己也这样觉得，很为爸爸不值。即使爸爸在外面有了别的女人，她也觉得很正常，并不认为爸爸的行为有什么不对。

这就是问题的关键，对于爸爸婚外恋的错误行为，她是认可的，她有一个信念：如果在婚姻中觉得不幸福，是可以接受其他异性关怀的。这个信念是从父母的婚姻生活中获取的，在潜意识里影响着她自己的婚姻生活。成年之后，当她自己在婚姻里感到不公平的时候，这种错误想法也会影响她外在的行为，甚至这种潜意识行为连她自己都没注意到。

除了经验，信念的另一个重要来源就是接受我们信任的人对我们的教导、教育，例如父母、老师或其他权威人物。

父母对孩子的教导，主要有两种方式：一是父母将自己的各种价值观直接灌输给孩子，另一种是父母对孩子行为的有意识或无意识的评价。很多父母都希望自己的孩子人生顺利，少走弯路，所以他们会把自己人生中的信念以及他们认为的好与不好的经验都教给孩子。想想你自己，是不是总是把“你应该这样”“你不应该那样”“这样做是不对的”“那样做是不好的”等句子挂在嘴边，不停地对孩子进行说教？

例如，当孩子看中一个玩具，有点儿贵，你觉得家里玩具已经很多了，不想买，或者是觉得太贵了，买不起。但是你不会诚实地告诉孩子你的感受和想法，而是趁机给他灌输各种金钱观，如“挣钱很不容易，你要懂得节约”“你要好好学习，将来才能挣很多的钱，想买什么就买什么”……这样频繁的说教会植入孩子的潜意识，成为他成长路上的信念，因为深信“挣钱不容易”，他长大了挣钱就真的很不容易，也舍不得给自己花钱。

又例如，孩子要过生日了，你带着他去挑礼物。他看中了两个东西，两个都想要，犹豫了很长时间还是很难取舍。于是孩子央求你说：“妈妈，可不可以两个都要呀？”你马上教育他：“鱼和熊掌不可兼得呀，你得到一个就必须放弃另一个，有得必有失嘛。”孩子接受了这样的信念，长大后遇到两难的处境，会很自然地取一样、舍一样，而不是想个“两全其美”的办法。

除了直接灌输那些父母自以为是人生真理的价值观，父母对孩子的评价也是孩子形成信念的重要来源。父母总是自觉不自觉地对孩子的行为进行评价，评价的依据当然是他们内在的信念系统。有些父母不仅评价，还喜欢当面评价或谈论，以为孩子还小，听不懂。殊不知孩子是非常在意父母对他们的评价的，并且这种评价很可能会内化为他们的自我评价。

两个爸爸在一起聊天。一个爸爸说，你儿子真是棒，学习那么好，班上第一名呢。另一位爸爸却回答，没有啦，他语文才考了98分，数学也才97分，都没有得到100分呢。

东方文化讲究谦虚使人进步、骄傲使人落后，所以大家都觉得要谦虚一下才显得有风度。实际上这种做法不可取，试想想，若是孩子听到了这个评价，他会怎么想呢？他可能会想，原来我爸爸对我的考试成绩这么不满意，我都全班第一了，他还是不满意，看来我无论如何也没法得到他的肯定，慢慢地可能就会认为自己真的不行，放弃努力。或者可能会更加努力，凡事追求完美，让自己的人生

像上紧了的发条一样努力工作，努力学习，凡事都要争个第一来证明自己。

孩子的内在一旦形成了“我不行”“再怎么努力也没有用”这样的信念，失败真的就会如影随形。

除了父母，学校里的老师对我们形成信念的影响也是巨大的。古往今来，教师的职责是“传道、授业、解惑”，其中“传道”是排在第一位的。所谓“道”，往大了说，是天地大道，往小了说，也就是人生的道理。想一想，我们有多少关于人生的信念是来自于老师在课堂上的讲授呢？比如孟子的那段“天将降大任于斯人也，必先苦其心志，劳其筋骨，饿其体肤，空乏其身，行拂乱其所为……”，这是课本中必须要背诵的篇章之一，影响了一代又一代人，“吃得苦中苦，方为人上人”由此成为无数人的人生信条。同时，老师对我们的评价也常常会让我们深信不疑。例如，你很喜欢跳芭蕾舞，你的老师却告诉你，你的个子太高了，还有点儿胖，不适合跳芭蕾舞。你信以为真，就此放弃了自己成为一个芭蕾舞演员的梦想。这样的例子有很多。同老师施予影响的道理一样，其他权威人物对我们的教导也容易成为信念的来源。

信念的第三个来源是自我的思考与总结。例如，一个小伙子到了青春期，情窦初开，喜欢上了一个女孩子，鼓足了勇气对她表白，被毫不留情地拒绝了。后来，他上了大学，又喜欢上了同班的一位女同学，这次不敢贸然表白了，于是寻找各种机会与女同学相处，打听她选的课程，然后与她选同样的课，假装在食堂里偶遇，等等，平时也会送送小礼物什么的，觉得时机成熟了才表白，结果还是被拒绝了。这个小伙子就很奇怪：我成绩好，待人热忱，家境也不错，在学校里算是人缘很不错的，为什么我喜欢的女孩子都不喜欢我呢？问对方，对方也不说。想来想去，觉得是因为自己长得不够帅。这个思考和总结或许并不符合事实，但是小伙子一旦形成了这样的认知，对于长相的不自信可能会长期困扰他的感情生活。又例如，一些人在社会摸爬滚打的过程中，自我思考总结出一些人生经验，这些经验都可能成为他们以后的人生准则。

信念还有一个来源，就是社会文化中那些被普通大众广泛接受的观念。我们一般会全盘复制或者创造性地吸收既有的社会信念。例如“优胜劣汰，适者生存”，当整个社会都崇尚竞争的文化时，我们的潜意识也被植入了这种信念。

有一位妈妈说，她的孩子常常因为作业中有一道题不会做就惊慌失措，仿佛天都要塌下来了，各种劝说都无效。我问这个孩子：“如果作业中有一道题不会做，会有什么麻烦吗？”他说：“那样我就不能在考试中得到高分了。”我接着问：“如果考试不能得高分，会有什么麻烦呢？”经过一层层深挖，我们终于找到了那个引发他的焦虑的信念：我的人生是否幸福取决于我能不能在数年后的高考中打败绝大多数的竞争对手，进入一所理想的大学。而现在的每一次作业、每一次考试的成绩，都会影响他未来能否在高考中脱颖而出。

这样的例子不胜枚举，在“优胜劣汰，适者生存”这种社会观念的支配下，我们已经形成了一种信念，从小到大，我们无时无刻不在竞争，与兄弟姐妹比，与同学比，与其他的同龄人比，唯恐被社会所淘汰。现在很多孩子特别容易焦虑，一点小事就会引发他们的恐慌，就是这种信念在作怪。

/信念对孩子的影响潜移默化/

伯特·海灵格[1]讲过这样一个寓言：一头熊，一直关在一个极其狭小的笼子里，它只能站着。后来，它被人从笼子里放出来了，可以随意走动，可以满地打滚，但它仍然一直站着。那个真实的笼子已经不在了，但仍然有一个虚幻的笼子限制着它。

[1] 伯特·海灵格，德国心理治疗师，“家庭系统排列”创始人。

这个虚幻的笼子，就是被植入我们潜意识的信念。前面我们说过，信念产生于一个念头，又经由经验之后才能牢固地存在于一个人的思想之中。但是没有任何人能够经历所有的事情，所以一个人的信念系统中有很多信念其实是由某一特定经验产生的。这个信念也许适用于曾经的某个情境，但在另一个情境中就不适用了，如果这个人的信念并没有随之改变，就会给他的生活带来很多困扰。就如同这只曾经被关在笼子里的熊一样，真实的笼子不在了，却仍然被虚幻的笼子所囚禁。这样的信念，我们称之为“限制性信念”。

一位男士，快四十岁了还没有结婚，连个固定的女朋友都没有，父母很着急，每次问他结婚的事情，他都说：“房子都没有，谁肯嫁给我啊。”

原来这位男士的初恋女友是他的大学同学，两个人感情一直不错，谈婚论嫁的时候，因为这位男士经济条件不算好，买不起女友想要的婚房，女友就和他分手了。他就形成了一个信念：女孩子要有房才肯结婚。后来，房价越涨越高，他更买不起了，他也不相信谁会真的喜欢没有房子的他。

有一次，他经人介绍认识了一个女孩子，对方自己有房子，坦言只要两个人合拍，有没有房子没关系。他却不相信，觉得不会有这样的好事，认为对方是另有所图。

“女孩子要有房才肯结婚”，这个信念是经由初恋女友的经验而形成的，当时的确如此。可是时过境迁，这位男士仍然固执地坚持这个信念，认为没有谁会愿意嫁给没有房子的他，甚至有这样的女孩子出现时也不肯相信，说到底，是他的信念创造了“没人愿意嫁给没有房子的他”这样一个现实，所以至今单身。

某个经验形成信念，信念又创造出同样的经验，这是一个循环。为什么会这样呢？当我们内在有一个信念，认为应该会怎么样的时候，我们就会把许多的能量聚焦在这个“应该”上。我们常常说“心想事成”，这是真的，当你内心对某件事情确定无疑时，你的身体、你身边的人都会配合你创造出这个现实。

比如说，你认为自己的孩子很笨，学习成绩肯定不会好。孩子刚入学的时候，前两次考试正好考得不好，你就更加坚定了这个信念。当孩子偶尔一次考得很好时，你会选择性地看不到。你会有意识地、选择性地看到你愿意看到的。你的这个信念会无意识地影响孩子，让他潜意识里也认为：我就是学习不好。从而创造出学习不好的现实，进而强化父母和孩子的信念。这样，一个稳固的事实就出现了。

限制性信念数量庞大，不胜枚举。其中最具破坏性的是3类关于“身份”的信念：能力性、可能性、资格性。

第一种，能力性。即认为自己没有能力做好某件事情，也可以解读为“我不如别人”。很多人的信念体系中都会有各种各样的想法，这些想法困住了自己的能力，没有办法真正发挥。拥有这种信念的人，通常会有很深的无力感。遇到问题，他们会很自然地推脱责任，把问题的出现归咎于周围的人、事、环境或者某些不能控制的因素。例如“事情这样发展，我也无能为力呀”“这就是天意，能有什么办法”“现在大环境这么差，我也没有办法”……

这种人通常有一对控制欲很强的父母，在他们小的时候，父母总是觉得他们这不行、那不行，对他们的事包办得太多，让他们缺少锻炼的机会，或者总是拿他们与别人家的孩子比较。例如，“隔壁王阿姨家的小明这次又是班上第一名，你看看你，没有一次比他考得好”“陈叔叔的儿子绘画拿了大奖，你们是一个老师教的，又是同时学习的，你瞧你画的都是些什么东西，真是浪费钱”……久而久之，他们就会觉得自己真的不行，长大后也觉得自己处处不如别人，会很轻易地放弃一些很好的机会，做事也没有担当，个人的发展会受到很大的限制。

第二种，可能性。即认为自己没有可能成功。有这种信念的人，潜意识里不相信自己会成功，即使很努力地工作，也总会在临门一脚的时候，出现很多负面情绪，如担心、害怕、忧虑等，结果，事情就真的失败。还有些人根本就不敢想象自己会成功，也不做出任何努力和改变，总是被困在某个处境里无法脱身。

拥有这种信念的人，常常是因为小时候父母总是看到那些他做得不好的地方，对于他所取得的进步和成就视而不见，或者无论他怎么努力，也达不到父母的要求，总是被指责、被否定。时间久了，他潜意识里就会相信自己的努力是没有价值的。

第三种，资格性。即认为自己没有资格拥有美好的东西。这种人通常不敢追求美好的事物，内心深处有深深的不值得感。例如，在亲密关系中，他们特别容易患得患失，各种怀疑、恐惧、疑虑、担忧、害怕。害怕自己不够好，不配拥有对方的爱，害怕会失去对方的爱。

这个不值得爱的信念又是从哪里来的呢？年幼的我们，需要依赖父母的爱和照顾才能在这个世界上生存下来。父母的爱是孩子生存的基础和保障，它是如此重要，如果父母给予孩子的爱不是无条件的，孩子就会无意识地取悦父母，从而获得更多的爱：为了让父母多爱我一些，我要当一个乖孩子、我要当一个好学生。很多早熟或过于懂事的孩子，多数不过是在用迎合父母的方式来获取更多的爱而已。所以，我们一再强调，要给予孩子无条件的爱，尤其是在他们0～6岁时，这时他们开始建立对世界与自我的认知，给予他们无条件的爱与回应，让他们知道自己是被爱包围的、是被支持的、是安全的，这对一个孩子建立起“我是值得被爱的”的自我认知是极有帮助的。这样的信念会引导孩子在长大成人后，体验到更多的充满爱的关系，也会对社会和他人给予更多的爱。每个人都是以自己曾经被对待的方式来对待他人与这个社会，被爱过，才懂得爱他人。

在有些人身上，这3种限制性信念可能同时存在。它深深地根植于潜意识里，就像是装在电脑里的基本操作系统，总是在后台运行，指引着我们前进的方向。因为有这些信念，我们的人生就像开着自动导航仪一样，在预定的路线上驶向预定的目标，也因为有这些信念，我们受到父母的深刻影响，并将这种深刻的影响施加到我们的孩子身上。

法则二：

解除限制性信念

我们前面提到，限制性信念来自于一时的经验，但过去的经验并不一定适用于现在。如果认真检验这些信念的真实性，我们会发现很多我们曾深信不疑的信念都不是真的，但我们信以为真很多年。这些信念常常让我们困在头脑编出的故事和谎言之中，非常痛苦却觉得无能为力。这些信念让我们无法突破现有的舒适区，成为我们前进的绊脚石。这些信念更让我们不能充分发掘自己的天赋和潜能，活出一个更精彩的人生。

那么，如何解除这些根深蒂固的限制性信念呢？

/觉察信念/

要解除限制性信念对我们的影响，首先需要找出这些信念，也就是说要觉察到那些我们内心深信不疑却又浑然不觉的信念。觉察是改变的开始。

如何觉察并找到那些深藏在潜意识中的信念呢？有一个线索就是情绪。我们前面提过，情绪的产生源于我们对这个世界的看法，也就是信念。每一种情绪的背后都隐藏着一个或多个未经审查的信念，顺着这些情绪去找到这些信念，如果可能的话，像剥洋葱般将外皮层层剥落，直到你找到那个限制你的最核心的信念。

具体怎么做呢？可以用我们前面提过的那些觉察情绪和感受的技巧。当你发现自己对某件事情反应过于强烈时，停下来，问问自己："我怎么了？"当你开始这样问时，就说明你已经开始了自我觉察。接下来，你自己回答自己："嗯，我觉得非常愤怒。"再接下来，好好地和愤怒这种情绪待一会儿，感受一下愤怒给身体带来的感觉。在这个阶段，有些人的愤怒情绪可能会消失，即使不会消失也会减轻。这就是我们前面提过的情绪的自我觉察。最后，就可以再深入一点儿，尝试觉察隐藏在这种愤怒情绪背后的信念是什么。

我们来看一个案例，这是一位女士深藏在内心的困扰。

我最近觉察到一个困扰我的问题，就是我不太敢做我自己。表现在我好像没有什么想法，我会认同每个评判自己的念头和声音，但是我再仔细想想，其实我还是有想法的，我内心的深处有想法，但是那个声音很弱，我不敢发出来。

还有一个就是，我不敢在人很多的地方表达我的想法，做我自己想做的事，我觉得我做的时候，会有无数双眼睛盯着我，也许其实别人可能并没有那么在意，但是我就是有这种被盯、被评价的感觉。尤其是在和别人聊一些我比较在意的事情时，我特别容易紧张，一紧张我就不知道怎么去应对。比如，上周在单位食堂，一个同事很关心我，说要我把握好工作中的一个机会。那个时候我心里突然就紧张了，不知道怎么回应他。是的，我很想要那个机会，我要去拿到它，但我就是不好意思说出来。就是这个不好意思，让我脸红，让我紧张，让我不知道怎么应对别人。

现在回忆一下当时的情景，让我想起了小时候和姐姐们在一起，只要我声音大一点儿，妈妈就会说“只听到你一个人的声音”。于是我每次只能故意压低自己的声音，或者跟着别人不出声，就不会被骂了。到别人家，我看到喜欢的糖，想拿，别人给，妈妈会替我回答“她不要”，我就不拿了。有一次我看到零食想要买，那次是爸爸带着我，我不敢在妈妈面前发声，但对爸爸还抱有幻想。于是，我说了出来。我觉得爸爸是爱我的，只要我不放弃，他会给我的。可是后来他打了我一顿，一边打，一边问我还要不要，我说要，他就继续打，直到我说不要，才不打了。

于是，我知道，我想要的东西，谁也不会给我，妈妈这样，爸爸也这样，我还是什么都不要了。长大后的现在，我和儿子去超市，我还常常会忘记给自己买东西，我觉得我不需要。

我们可以看到，这位女士回忆起的只是童年生活中一些很不起眼的小事，或许不经提起，早已遗忘了很多年，但正是这些小事，却对她以后的生活产生了如此巨大的影响。其实很多事情，不是我们不记得，而是因为经历的时候，我们还太小，没有办法去面对当时“巨大的”伤害和痛苦，只能选择性地遗忘，让它们沉入潜意识的深海，直到长大后，生活中又开始重演类似的事情。眼前的痛苦只是为了唤醒我们，让我们去看到曾经的旧伤，看到幼年的我们对于自身经历的最初的认知。

这些生命里最初的认知便成了日后我们潜意识里的信念，它们操纵着我们的日常生活，一次次触发我们的情绪开关。每一次的痛苦与挣扎，都是为了让我们看到那个深藏的信念。正是这个信念让我们再次创造了眼前的现实，并让我们体会到与当初相似的感受。每一种负面情绪都是有价值的，它们都试图将我们带回过去，让我们看到自己，了解自己，进而疗愈自己。

除了觉察具体事件所引发的情绪，从而找到那些潜藏的信念，还有一种方法可以帮助我们觉察到有哪些信念限制了我们的生活，那就是：认真地审查一下自己的生活，看看有哪些地方让你不满意。

例如，你不想再过单身生活了，想找个人结婚，却发现很难和别人建立亲密关系。你会如何解释这件事情？如果你是男人，你可能会说：现在的女人都喜欢有钱的男人，我这么穷，肯定没有人愿意嫁给我的；如果你是女人，你可能会说：男人都喜欢年轻漂亮的，我长相一般，现在年纪也不小了，不会有人愿意娶我的。又例如，你不喜欢目前所从事的职业，又没有勇气改变。你会给自己找很多看起来很合理的理由。比如，你可能会说，现在这份工作离家很近，也很少加班，我可以有一些属于自己的时间，或者你会觉得换一份新的工作，时间久了也会如现在这样失去新鲜感和激情。总而言之，就是合理化目前的处境，以便让自己继续待在目前的舒适区里不做任何改变。这样的解释很可能就是一个限制性信念。

大家可以找一张纸，把生活中那些让你觉得不满意的地方一一写出来，形成一个清单，仔细地觉察一下，到底是什么样的限制性信念困扰着你的生活。

此外，有一些限制性的信念会在真善美的伪装下藏得很深，尤其是对一些执念很强的人来说。比如，你认为自己是一个道德感很强、很高尚的人，非常痛恨那些假恶丑的事物，那么你就会把能量倾注在那些假恶丑的事情上，不断地创造这些实相，然后再想办法解决，以便让自己看起来很有英雄气概。对于这样的信念，需要我们有相当的勇气才能觉察。

当然，正如我们前面提到的，对于事件源头的探寻并不是一件容易的事情。大家不要急，慢慢来。可以为自己专门准备一个笔记本，或者用手机软件，时刻觉察自己，什么时候有什么情绪，什么时候起了什么念头，捕捉自己的各种情绪，以及起心动念。可能眼下你还不习惯这份对自己的探索工作。当坚持一两个月下来，慢慢地你就会很清晰你的互动模式，前因后果怎么出现的，源头在哪儿。当我们发现这个因果关系之后，就能从根源上做一些调整，否则只能停留在表面，解决了一个问题，后面还有无数个问题在等着你。

/分离信念/

我们已经知道，信念之所以能够操纵我们的生活，是因为我们将能量聚焦在这个信念上，赋予了它生命。当我们通过觉察，识别出限制我们的信念之后，就需要与信念做一个分离。

正如很多人把情绪和事件、情绪和自己混为一谈，认为“我就是情绪，情绪就是我”，人们也容易把信念和自己混为一谈，认为“我有了信念，我就变成了这个信念，这个信念就是我”。所谓分离，就是意识到“信念是信念，我是我”“信念不是我，我也不是那个信念”。例如，“我不够好”，这只是我的一个信念，并不代表我自身，我可以选择在当下放弃这个信念，也可以选择让它继续留在生命里，还可以选择将它转化为另外一个信念。无论是哪种情况，那都是我的选择。就仿佛画家用色一样，画家会根据自己的需要选择颜色，刚才用蓝色，现在用橘色，然后用黑色，分别涂在他的画布上。但他绝不会认为这些颜色就是他自己，他自己就是这些颜色。

在面对问题时，很多人是以结果为导向的。比如，有人问我，老师，怎么样才能解决这个问题呢？我告诉他，要先把情绪和事情分开，情绪和自己分开。他又问，分开之后呢？我如果说，你只是去分开，后面的事自然就会发生了，他往往还要继续追问到底会发生什么。我们总是活在头脑和逻辑当中，而忽略了你正在创造的实相。

学会分离，意味着把这个限制性的信念放在一边，不再给它能量，仅仅是这样，就可以了。你会发现当你将自身与信念分开之后，生活会发生一些让人欣喜的改变。

举一个我自己的例子与大家分享：

我爸爸常常念叨我没有定性，经常变动，没有耐心。因为这么多年来，我换过很多工作。

大学刚毕业时，我在宝钢当技术员，每天与庞大的重型机械打交道，耳边一直都是机器的轰隆声。后来我开发软件，每天对着电脑，敲出一排排代码。然后又做网站，开淘宝店卖过厨具和家具，还涉足过房地产。

现在我是一名亲子关系的讲师。从一个行业转到另一个行业，跨度都很大。而我爸爸是一个会计，比较保守，不喜欢变动，一辈子就和数字打交道。他看我不断地从这个行业换到那个行业，就特别着急，很发愁我的折腾会让我一事无成。而我潜意识里也接受了他的这个信念，每次换工作时，其实都很焦虑、很惶恐。特别是在新的工作进展不顺利、陷入低谷的时候，我就会责备自己：我是没耐性的，每个行业都做不长久。每到这个时候，都会特别苦恼难受。

后来，当我学会了与信念分离，意识到那只是一个信念，我不是那个信念，那个信念也不是我，就能够换一个角度去看待我换工作这件事情了。我爸说我没有耐心，事实上正好相反，我是很专注、很有耐心的。刚进宝钢时，我只是一个刚刚毕业的大学生，几乎什么都不会，但因为我肯钻研，没几年就成为技术骨干，被委以重任。后来一次很偶然的机会，我出来做网站，对于网站制作的流程也是一窍不通，但是很快我就学会了策划、优化、运营，将它做成了同行业的前3名。现在我做亲子关系讲师，也做得很不错。当我认可我爸的信念时，我的改行让我觉得特别困扰，会质疑和攻击自己。当我与这个信念分离，我就会觉得改行带给我的是一种全新的体验，会丰富我的生命，因此对于未知的一切充满期待与喜悦。

/质疑信念/

我们每个人都或多或少地活在自己编织的故事中，认为那就是真实的世界，认为头脑中的念头都是真实准确的。有些时候，有些想法甚至让我们非常痛苦，觉得人生都没有出路了，可是我们就是不曾质疑过它。当你尝试放弃这个念头，或者仅仅是开始学会质疑它，快乐和自由之光便从紧闭的门缝中透进来了。

有一位女士，研究生毕业后在一家国企做会计，但她生性跳脱，无法适应国企里的各种明争暗斗，也不喜欢做会计，每天都过得很痛苦。但是头脑又不停地告诉她：

继续留在国企才是最明智的选择，国企非常稳定，生活有保障，特别适合女孩子，而且这又是与自己所学专业对口的工作，很容易做出成绩，放弃了这份工作就等于放弃了人生最好的出路，等等。她每天被这些念头困扰着，又被内心的痛苦所折磨，茶饭不思，觉得自己都快要得抑郁症了。

于是，我试着用拜伦·凯蒂《一念之转》中的4个问题来引导她质疑自己的那些信念。

第一个问题：不留在国企做会计，你的人生就没有更好的出路了，这是真的吗？

第二个问题：你确定那是真的吗？

第三个问题：假如你相信那个念头，你的感觉会怎么样？

第四个问题：没有那个念头时，你的感觉又会怎么样？

这个女孩子非常聪慧，一点就透。我这样一问，她的答案就清晰地从内心涌出来了。后来，这个女孩子从国企辞职了。因为她特别喜欢美食，文字功底又好，就去了一家美食杂志，品尝各种各样的美食，写漂亮的文案，很快做到了杂志主编的位置。现在她又辞了职，自己打理一个美食类的公众号，做得风生水起。

限制性信念之所以是一种限制，是因为它来自于当时的经验，在当时，这个信念可能保护了你，让你不受伤害，但是时过境迁，它已经变得不合时宜了。通过追问“这是真的吗？”“你确定这是真的吗？”对它进行质疑，就是将我们的思维拉回当下，看清当下的事实，而不是头脑中那个充满“万一”和“如果”的让人焦虑的未来世界。

当然，信念之所以会限制我们，是因为它们在我们头脑中是根深蒂固的。也许我们并不能仅仅凭着这种对于真实性的追问就消除它们的影响，但是至少，这种追问会让我们一直信以为真的那些念头有了一丝丝的松动，会让我们有机会去探寻到底是什么时候、是谁为我们植入了这样的信念。当我们能够找到那个源头，那些制约我们的信念才能真正土崩瓦解。

/转化信念/

信念的力量无比强大，它既可以限制我们的生活，也可以成为我们生命的动力，推动我们创造出幸福美满的人生。关键在于，你选择了什么样的信念。选择了怎样的信念，便会经历怎样的生活。

我们来看“现代催眠之父”米尔顿·艾瑞克森的人生经历。

作为第三代催眠法的开创者，艾瑞克森17岁时得了小儿麻痹症，全身瘫痪，除了眼睛能动和能说话以外，任何事情都做不了。有一天，他听到医生在病房外对他母亲说：“你的孩子肯定活不过今晚。”他特别悲伤，觉得医生不应该对母亲直言相告，这对母亲该是多么大的打击呀。同时，他也很怀疑医生的说法，于是他就想：“我一定要活过今晚。”他用这个信念支撑着自己，果然活过了当晚。医生又告诉他的母亲：“这个孩子最多能活一个月。”艾瑞克森听到后，依然很怀疑医生的说法，他就想着一定要活下去，不能让母亲伤心。他没有把医生的话当真，而是用“一定要活下去”的信念支撑自己。他一直活到了80岁，成为一代催眠大师。

所谓“境由心转”，当我们转变了自己的想法与念头，我们的处境也会随之改变。这也是我们一再强调“正念”与“感恩”的原因。当你对生活心怀感激时，你的焦点会放在那些正向的事情上，也会在生活中创造出更多正向的事情。例如，当我们面对孩子时，如果能带着感恩的心情，感激上苍赐给我们这样一个活泼可爱的孩子，我们就会对孩子多一些欣赏，多一些理解，在与他互动时带着爱的能量，孩子接收到这种能量，被这种能量所滋养，就会变得越来越好。反之，你整天认为你的孩子不听话，是个捣蛋鬼，他就真的变得越来越不听话，越来越捣蛋了。

下面，我们以金钱观为例，来谈一下如何将那些限制性的信念转化为正向的、可以让我们的生活更加美好的信念。

很多人在金钱方面有很多的障碍，觉得钱很难挣，舍不得花钱，觉得钱总是不够用。或者在接受金钱方面有心理障碍，花老公的钱、父母的钱都觉得心理压力很大，也不愿意接受别人的馈赠。给孩子买东西也是患得患失，不肯痛痛快快地买，还整天纠结于要不要给孩子零花钱、给多少，等等。这都是因为在金钱方面有着一些限制性信念，阻碍了金钱的流动。

金钱是什么？从本质上讲，它是一种爱的能量。从小到大，父母给我们准备的每一顿饭、每一件衣服、每一个玩具、每一个生日礼物，还有其他的各种花费，如读书、旅游、各种兴趣班，他们在我们身上花的每一分钱，其实都是在表达他们的爱。你看，他们舍不得花钱，想把更多的金钱留给我们，这是他们表达爱的方式。同样地，我们给家人买的各种礼物、请朋友吃饭聚餐，也是在表达我们的爱。作为一种能量，金钱是需要流动的。当它不流动的时候，是不会带来爱与喜悦的。我们经常看到新闻里说，哪个贪官落马了，床底下、柜子里甚至墙缝里全是钱。这些钱是见不得光的，因此无法在阳光底下流动起来，它已经不是金钱本身，而是成为一种桎梏，带来的不是喜悦，而是恐惧。因此，认识到金钱是带着爱的能量的流动，这是非常重要的。

在做这个转化之前，我们需要先觉知一下自己对于金钱的信念是什么。这里有一个小练习，可以帮助大家了解自己在这方面的信念。

首先，如果用3个形容词，或者3句话来形容金钱，你会想到什么？

其实对于这个问题，没有固定的答案，为了帮助我们看到潜意识里对于金钱的认知，我们可以把它写下来。例如：

金钱是万恶之源。

金钱不是万能的，但没有金钱是万万不能的。

男人有钱就变坏，女人变坏是为钱。

拥有金钱就拥有了自由。

有钱能使鬼推磨。

我永远赚不到足够的钱。

钱一定要存起来以备不时之需。

……

接下来我们做一个换位思考，把金钱想象成一个人，将你刚刚对他说出的那些评价说给你听，你会是什么感觉？

例如，如果你认为金钱是万恶之源，那试想一下，金钱是一个人，对你说：“你是万恶之源。”你会产生什么样的感受呢？非常愤怒吧？你会非常讨厌这个人，想离他远远的，对不对？那么，当我们这样看待金钱的时候，带给金钱的感受也是这样的。如果金钱是一个活生生的人，那么他是不愿意来到带给自己这种感受的人身边的，更不用说做朋友、建立良好的关系了。我们对金钱的态度决定了我们挣钱会非常辛苦，并且一直感觉钱不够花。通常，那些有仇富心理的人，骨子里对金钱都是这样的信念，而他们的经济状况一般都很差。

再看第二个。如果金钱对你说：“在我的生活中，你是必不可少的，但并不是最重要的。”仔细体会这句话带给你的感觉，你是否愿意与这样的人成为好朋友呢？还是仅仅只能建立一种很普通的关系？如果在潜意识里，我们并不重视金钱，那么我们挣来的钱也就刚刚够用，很难感受到金钱的丰盛，即使你想挣更多的钱，也常常不能如愿，很难过上非常有品质的生活。

大家可以按照这种方法进行代入练习，真实地写下你对金钱的想法，以及这种想法带给你的感受。

一般来说，我们对于金钱的认知，并非是天生的。原生家庭、成长环境以及社会文化对于我们建构起对于金钱的认知都有很大的影响。对于金钱的限制性信念既然是外来的，当你觉知了自己与金钱的关系以及对于金钱的信念，就可以想办法释放并转化。

在了解到金钱是一种爱的能量，并且处理了那些限制性信念之后，还需要我们在日常生活中保持一份觉知，慢慢与金钱建立起一个良好的关系。例如，我们要带着爱去花钱：为自己买一套心仪已久的护肤品，与心爱的人一起吃晚餐，给孩子准备一份生日礼物，等等。去享受每一分钱带给你的幸福和快乐，并感恩金钱带给你的这种快乐和幸福。这样，你的能量就放在你已经拥有的那些金钱上，就会创造更多的拥有。反之，如果一提到金钱，你满脑子想的是那些你没有得到的金钱，将能量放在那些你没拥有的东西上，你就会创造更多的失去。或者，你是带着恐惧和内疚去花钱，给孩子买礼物是为了弥补没有时间陪伴他的内疚，给自己买护肤品是因为恐惧皮肤松弛老化会被老公嫌弃，那这个钱是不会给你带来快乐的，或者说会带给你更多的匮乏。

另外，了解到金钱的本质是流动的，我们就可以让它流到那些真正需要它的地方去。通常富人们更了解金钱的这种流动性。他们会在挣到钱后，去做慈善、去给予。这种给予会让更多的金钱流回到他们身边。同样，在我们的日常生活中，我们要不吝于给予，也要乐于接受来自别人的馈赠。例如，老公给钱让你花时，他其实是在表达对你的爱，你可以非常敞开地接受，并且感恩他的给予。当你发自内心地感恩的时候，你的老公就能够感受到这种能量，他会觉得他能够给老婆和孩子很好的生活，虽然工作很辛苦也是值得的，这会让他有一种很有价值的感觉。当一个人很有价值感的时候，他所做的那些事情的价值也就开始呈现出来，你很快会看见老公升职加薪了，他的财富更加敞开，也更有价值感。这是一个良性的循环。

这都是一些可以转化你与金钱关系的小方法。每一次将钱花出去的时候，试着觉知：我是在让爱滋养自己和身边的人，还是带着恐惧和内疚满足自己的某种欲望。每一次接受别人给予的金钱的时候，也试着觉知：我的内心是充满了感恩，还是有某种推拒或者认为理所当然。当我们内心有觉知，能够充分享受金钱带给我们的快乐并且感恩时，金钱就会自然地流动起来，财富状态也会得到很好的改善与提升。

情绪和思想都是有能量的。当你怀抱着一个美好的信念，带着爱与喜悦去做一件事情，和你怀抱着一个限制性信念，带着怨气去做同一件事情，能量是完全不一样的。对于金钱来说是这样，对于亲子关系、亲密关系的处理也是这样。

试着想一下，孩子哭了，你因为爱他，所以把他抱在怀里轻声地安慰，和你出于做父母的责任强忍着内心的厌烦去安慰，哪一种方式会让你和孩子都觉得更加轻松呢？同样地，你带着爱与老公互动，即使两个人不说话，也能感觉到流转在两个人之间的浓情蜜意；若你怀抱着那些负面消极的念头不肯放手，你们之间也必然充满了不信任与争吵。选择什么样的信念，就选择了什么样的人生，幸福与否，都在一念之间。

同时要清晰的是，人类容易跟着惯性做事，我们习惯于根据过去的经验，重复过去相似的行为。每个人都具有对抗变化、维持现状的倾向，这是人的本性。所以说，并不是这样做一次转念练习，旧的信念就会一下子土崩瓦解，新的信念就能够建立，人生从此一片光明。不是这样的。因为我们持有这样的信念已经十几年，甚至几十年，根深蒂固，要改变它，必须带着觉知力培养一些新的习惯，并且将这种新习惯坚持下去，慢慢取代旧的习惯。如果没有这种带着觉知的坚持，很容易又回到以前的老路上去。

其实改变说难也不难。我们不需要一下子就要求自己达到什么样的境界，例如和金钱成为好朋友，每一次花钱都要让自己享受金钱带给自己的快乐。这个要求太高了，做不到，很容易让人陷入自责和懊悔的情绪中。怎么办呢？我们可以先试着给自己设立一个很小的目标，小到几乎不大可能会失败，之后循序渐进。例如，做不到当下觉察，事后觉察也不错啊。我们几乎每天都要和钱打交道，那么试着在睡觉前觉察一下，今天在与金钱打交道时，有没有让你觉得特别喜悦的事情，如果有，表示感恩，如果没有，也不要批判自己。慢慢地，你会发现，你带着喜悦花钱的时候越来越多，渐渐地就成了一种习惯。

我们常常说，心有多大，梦就有多大，梦有多大，世界就有多大。当你脱口而出“我做不到”“我学不会”“那是不可能的”之类的话时，试着转变角度问一下自己：“我怎么样才能做到呢？”“有没有什么方法让这件事情变得容易操作呢？”“除此以外还有没有其他的可能性呢？”与其深陷于怀疑与犹豫之中，设想各种不可能性，不如将注意力集中于当下，脚踏实地，一步一个脚印地寻求改变与突破，未来就尽在你的掌握之中。

法则三：
善用信念

前文我们讲到，我们大脑中的认知和对某件事或某个人的看法，就是我们的信念。有的信念会帮助我们更好地生活，而有的信念却可能让我们的生活陷入困境。一个国家有法律，这些法律限定和制约着公民的行为，而一个人的信念系统，就相当于一个国家的法律，会限定和制约着你哪些该做，哪些不该做，哪些是好的，哪些是坏的。这些信念和价值观在影响着你的行为，但是你并不知道。

不过，这并不可怕。大多数人的价值观和信念一旦形成，很难被改变。但是就像法律可以被修订一样，一个人的信念系统随着时间的推移和认知的升级，也是可以调整的。

比如下面的两个案例。

一位女士，一直不愿生孩子，因为她总是觉得小孩子都是很麻烦的，所以一直不愿意接触小孩，看到小孩就躲得远远的。然而一个偶然的机会，她碰到了一个小男孩，她并没有和他聊天的意思，但这个小男孩主动过来跟她说话。“我正在喝水，他慢慢地靠近我，确定我没有拒绝的意思，然后问我要不要加水，我‘嗯’了一声之后，他竟然爬上我背靠的桌子，和我保持一点儿距离并肩和我聊天。天哪，他竟然主动找话题，和我聊起他的鞋子，他手拿的小熊，以及我衣服的颜色。他才5岁左右呀！太有意思了。后来我们聊了很久，他懂的东西可真多，完全不像我想象的是个淘气鬼。”经过这次聊天，这位女士兴奋地表示，“我开始喜欢孩子了！”

就是这样一位因为觉得小孩“麻烦”而一直不愿意生孩子的女士，因为一次和小孩的沟通，改变了她的看法，开始喜欢孩子，开始打算生孩子。

当你大脑里有一个认知的时候，你就会按照这个认知看待外面的世界，这个认知会左右你的行为。比如这位没有孩子的妈妈，以前认为孩子是淘气的、捣蛋的，所以不愿意靠近孩子，甚至自己结婚了也不愿意生孩子。而一旦她改变了这个看法，开始尝试和孩子沟通，就会有不一样的体验。内在的认知改变了，外面的世界还是那个世界，但是你却有了不一样的体验。

另外一位女士，她一直以为穿牛仔裤搭配休闲西装的男人都不是好人，对这样穿衣服的人天生有一种反感。但奇怪的是，她在生活中又非常关注这样的男人，总是能够看到这样的男人，直到有一天她将这个“人生经验”传递给自己的孩子。听到她这么说，她12岁的女儿很奇怪地问：“为什么？为什么这样穿衣服的男人都不是好人？”这位妈妈才开始反思自己这个观念的由来。后来终于想明白了：当她很小的时候，有一次和妈妈一起上街，亲眼看到妈妈被一个穿成这样的男人打了一顿，当时她对这个男人恨透了，但是她一点儿办法都没有。所以才造成了她看到这样穿衣服的男人，就不由自主地产生一种敌意。

有时候一个瞬间、一个转念，突然间就可能成就我们的一个信念、一个认知，也可能突然对我们已有的一个信念、一个认知进行调整。

比如说，你觉得家庭教育重要还是学校教育重要？对此，大多数父母会选择后者。如果孩子在学校表现不好，就是因为老师对自己的孩子不好，或者是认为自己的孩子天生就是个笨蛋，不是读书的料。这就是一种信念。然而，事实并不是这样。我们知道，影响一个人人格或者性格的因素有3个：遗传、经验和环境。一个人生下来就携带了大量的遗传基因，这是人类生命得以延续的基础。有的人天生就很活泼，有的人天生就很敏感，有的人天生就很热情，有的人天生就慢条斯理……所以，问一问自己：你了解你的孩子是什么样的性格吗？你对此有什么样的信念和价值观，并因此为孩子做过些什么吗？进一步，从养育孩子的角度，问一问自己：你觉得养孩子辛苦吗？你觉得孩子一定需要你管，他才能有一个美好的人生吗？你觉得孩子一定要听你的话，他才能做好每件事吗？你觉得你的孩子能够面对和应付他所生活的世界吗？

所有你的这些想法都会影响到你和孩子相处，都会影响到你对他的家庭教育，进一步影响他的成长，以及和其他人的相处。

比如，你的孩子放学回家和你说老师今天批评他了，一般父母的反应可能是肯定是孩子做错事了，甚至还会趁机教训一下孩子。因为我们一般觉得老师都是对的，或者我们从小就对老师有一种天然的畏惧和权威感，所以我们不由自主地就认可了老师的做法。也有可能你对老师的做法稍有微词，那么你在回应孩子的过程中就会将你的这个信念传递给孩子。而这一切并不受你控制，尽管有时候你觉得你已经控制得很好了，但是你的非语言信息——语音语调和面部表情，甚至一个细微的动作都在出卖你。尽管孩子没有说出来，但他已经感受到妈妈的想法了，因为孩子和妈妈的联结是很深的。而对于孩子来说，他其实只是想跟你分享一件他在学校发生的事情，或者是他遇到了一些不开心，他只是想和你分享一下，当他表达完了，事情也就过去了，就是这么平常一件事。就像他回家和妈妈分享“我今天在学校吃了两碗米饭”一样正常，但是父母对“在学校吃了两碗米饭”感觉是正常的分享，而对“在学校里老师批评了我”却警惕了起来。这样一来，孩子本来只是一个分享，现在却被妈妈的情绪带走了，带到了“老师是不好的，学校是不好的”等你无意识的信念上来了。

所以说，你内在的信念会指导你外在的行为，外在的行为会产生一个结果，这个结果又会加深你这个信念。比如“老师批评孩子，孩子会很伤心，所以老师应该温柔地对待孩子”这个信念，会让你对孩子被老师批评产生情绪，从而安慰孩子或者心里对老师感到不满，这个不满又会让孩子感到“我不应该被老师骂”，然后孩子的反馈又加深了你对老师批评孩子是不应该的这个信念。

这听起来是个无法摆脱的恶性循环，但是，如果你能够做一些调整，改变信念呢？那么，外在的行为自然也就发生了调整，甚至结果也有可能发生改变。

举个例子：

一位妈妈给我讲了很多老师的不好，她认为孩子在幼儿园就应该自由绽放自己的天性，但是老师总是干涉孩子，总是要求孩子按照要求做手工、玩游戏。我问她，你是怎么知道这些的？她回答说是孩子回来告诉她的。然后我问，你孩子上的什么幼儿园？她说是小区里的一个公办幼儿园。我说你是不是对传统的幼儿园不太认可？她很激动地说，是的，她一直想给孩子找个更好的私立幼儿园，但是又担心孩子以后的升学问题，所以只能在公立幼儿园上了。

问题就在这里，这位妈妈实际上是不认可传统幼儿园的，所以很关注孩子在幼儿园的一举一动。而孩子捕捉到妈妈非常关注她在幼儿园的事情，所以就会迎合妈妈，说一些妈妈关注的事。然后妈妈的反馈可能表现出了对幼儿园的做法的不满，孩子接收到这种不满的情绪，就会无意识地觉得幼儿园是不好的、上学是不好的、老师对我是不好的。然后因为这个观念，孩子在幼儿园的时候又会有意无意地不配合老师的指令，就又加深了老师和孩子之间的冲突。然后孩子将这些冲突告诉妈妈，又加深了妈妈对传统幼儿园的不满……这样，孩子—妈妈—幼儿园之间就陷入了这个死循环中。

我这么一分析，这位妈妈很紧张，问我该怎么办。其实传统幼儿园有传统幼儿园的好，新兴私立幼儿园有新兴私立幼儿园的好，问题的关键不在于孩子上什么学校，而在于父母是怎么影响孩子的。学校对于孩子来说，只是家庭和社会之间的一个过渡，孩子在学校呈现出来的问题，其实都是家庭教育问题的放大。如果父母在养育孩子的过程中能够做到平和、淡定、有信心，这比把孩子送到什么样的学校都来得有用。所以我们首先要从观念上进行调整。如果你还是接受不了，那么就直接把孩子送到你认为正确的学校；如果不能，那么就调整。父母的这种犹豫不决、优柔寡断，也会影响孩子的性格和对学校的看法。而孩子一旦对学校产生不好的看法，那肯定也会影响孩子在学校的行为，甚至影响孩子对学习的看法，更有甚者会厌恶学校、厌恶学习。

其实道理很简单，只是以前可能没有意识到。当我和这位妈妈沟通过之后，这位妈妈也明白了这个道理，随后开始调整自己，和女儿聊一些开心的事情，甚至调整了对传统幼儿园的一些看法。自然地，后来孩子也很少说在幼儿园里和老师的冲突，老师也很少再打电话抱怨孩子不听话了，女儿也开始喜欢去幼儿园了。

所以说，你的信念不仅影响着你的生活，也影响着你的孩子。调整了信念，不仅会让孩子的状态越来越好，也能让我们的生活越来越好。当然，这件事不能急于求成，生活中有的信念我们很容易觉察，很容易改变，而有的信念却要借助专业咨询师的帮助，甚至很多年的觉察才能调整。

本章小结

有一些信念，在你生命的某个阶段确实帮助过你，但是现在却可能成为你的制约。比如，当你很小的时候，父母脾气不好，总是希望你听话。当你不听父母话的时候，父母总是会呵斥、打骂你，让你难过。所以，听话日子就好过，不听话就会让自己很难受。这个信念在你很小的时候确实能够帮助你，让你很好地生存下来。但是成年之后，你总还是无意识地听话：听领导的，听伴侣的。刚开始的时候可能也会给你带来好处，让你有一份稳定的工作，让你有一个看起来和谐的家庭。但是，慢慢地你变得没有自己的想法，在单位里成了一个可有可无的人，最后失业了；在家里因为你总是很听话，显得很窝囊，你老婆也会觉得你没有一点儿男人应该有的担当。于是你的人生陷入了低谷。所以，这个时候就需要去调整那个“要听话”的信念，慢慢地找回属于自己的生活。人生是这样，养育孩子的过程也是这样，当我们调整了一些对孩子的看法、对社会的看法、对学校的看法，再去处理和孩子之间的冲突，就会有不同的结果。

PART 04

界限篇

给孩子完整的成长

4

界限，是中国人最缺乏的，也是人际关系中最重要的。母婴之间是没有界限的，如果有界限，婴儿就无法生存；成年人之间则应该有界限，否则人与人之间就会陷入纠缠不清的状态。那么，你的界限完整吗？

法则一：

明确自我的心理界限

生活中，我们总是把孩子的事情当成自己的事情在做，这其实是不对的。中国的家长大多都这样：孩子是我的，就要听我的，完全没有界限的概念。事实上，我们讲沟通，最开始需要明确的就是问题归属于谁，是孩子的问题，还是父母的问题。问题归属不同，解决问题的方法也不同，其实就是要讲界限。

心理上的界限虽然看不到、摸不着，但明确自我的心理界限是非常重要的。这个界限会指导我们，在人际关系中，哪些是属于自己应该负责的，哪些是他人应该负责的。这样，才可以清楚何时对他人说“不”，创造一个让自己和他人都感觉舒服的空间。

判断自己的心理界限是否被侵犯，我们可以依靠身体的感觉。一件事是让你感觉舒服还是不舒服，是想做还是不想做。如果你面对某件事情，感觉到愤怒、委屈、沮丧，或者总是拖拖拉拉，就提示着你的界限可能被侵犯了。很多人不清楚自己的界限在哪里，为了维护关系，面对让自己觉得不舒服的事情，总是一忍再忍，实在忍不住了就会爆发，最终破坏了关系。这种界限不清的根源在于内在的自我构建不够完整，既没有选择的勇气，也没有拒绝的勇气。

在亲子关系甚至更普遍的人际关系中，很多的问题都会和界限有关。当一个人缺乏界限感时，常常会把自己的意愿强加于人，侵犯别人的界限，同时，又常常把自己的事情托付于他人，邀请他人跨入自己的界限。这种侵犯对方的界限，同时对自己的界限不自知、任由对方侵犯的事情，在我们生活中比比皆是。它可能导致你在亲子关系中对孩子进行各种控制，同时面对各种权威人物又唯唯诺诺，不敢说“不”。例如，公司顶头上司让你帮他办一件私事，你心里明明不愿意，说出来的却是“好的，我马上去办”；七大姑八大姨对你的家务事指手画脚，提出各种意见和建议，你明明烦得要命，却又强装笑颜感谢其好意。这都是缺乏界限的表现。

/找到舒适空间/

界限，这个词最表面的含义是指事物之间的分界。比如，农民每人都有一块地，分家的时候，也就是分地。在地里拉一条线，立一道埂，这边是你的，那边是我的，这就是“界”。我的地我来种，你的地你来种，即使我是你的父亲，我也不能私自到你的地里帮你种菜、除草，同样，你也不能到我的地里收割我的庄稼。

我们每个人都有自己的“田地”，也就是自我界限。所谓自我界限，就是划定一个范围，清晰地圈定出来什么是“我的”。在这个范围之内，是“我的”私人空间，是他人不能随意侵入的。

这种自我界限主要包括物理层面的界限和心理层面的界限。前者比较容易理解，也容易让人接受。例如，我的身体是不能被随意冒犯的，我的住所也是别人不能随意侵入的，我所拥有的财产也是神圣不可侵犯的。随着中国的城市化进程和对个人隐私的日益尊重，国人这种物理层面的界限感已经大大增强。但是心理层面的自我界限，却仍然模糊不清。而明确自我的心理界限，对我们来说又是至关重要的。这个界限会指导我们，在人际关系中，哪些是属于自己应该负责的，哪些是他人应该负责的。这样，你才清楚何时可以对他人说“不”，创造出一个让自己和他人都感觉舒服的空间。

这种心理层面的界限不太容易定义。因为它看不见、摸不着，但是我们能够感觉到它的存在。它是人际关系中的一条无形的线，借由它的存在，每个人可以很清楚地知道自己的责任和权利的范围。它是很个体化的，每个人对它的感觉都不太一样。这种界限可以保护个人的空间不受侵犯，同时也不会去侵犯他人的个体空间。

这种心理层面的界限，我们可以试着用一个心理学实验来体验一下。

在一个阅览室里，只坐了一位读者。然后进行实验的

这个心理学家走进去，坐在他的身边。这个实验有80多个人参加，结果证明，在这种空旷的环境下，没有任何一个参加实验的人会允许一个陌生人紧紧地挨着自己坐下。绝大多数人会默默地移到旁边，但并不离开。当然，也有人会质问这个心理学家：你想干什么？

这就是一种界限感。大家可以试着体会一下，如果你是坐在阅览室里的那位读者，有个陌生人忽然走进来紧紧地挨着你坐下，你是一种什么样的感觉？所以这种心理层面的界限感其实就是一种感觉，当对方越界的时候，你就会觉得被侵犯了，不舒服了。所以说，它不容易被准确定义，却与我们的生活息息相关。

/判断界限范围/

明确了“界限”的概念，我们来说一下界限不清如何判断。

其实很简单，一件事情，让你感觉舒服，还是不舒服？想做，还是不想做？这是最简单的界定界限的方法。比如说，你常常会很愤怒：为什么总是让我来为你们做这些事情，结果把我自己的生活搞得一团糟？有的时候觉得自己的生活很乱，怎么会每个人都可以来参与我的生活、指导我的生活？或者你感觉到很沮丧：为什么我在关系中总是有一种被人利用的感觉？为什么那个受伤的总是我？这些感觉都是在提醒你，你的界限被侵犯了。

当然，感受的前提是，我们需要对自己有足够的了解和觉察。当你敏锐地觉察到了自己的情绪与信念，就能看到自己与外在的界限：哪些情绪与信念是自己的，哪些是别人的。

和孩子相处也同理，当界限清晰、理智清明时，如果你觉得孩子的要求不对，那就信任自己，不要带着委屈或愤怒去勉强行事，适当时候对孩子说“不”，告诉孩子：“这件事情我不做。”“这件事情我不管。”这样做相当于在你们之间画了一条线——这是我的界限。这条线画好之后，孩子就知道，走到这里就不能再往前了。从而也能确立他的界限。

还有，你一定要明白，拒绝是维护自己的感受，而不是维护某个正确的道理，所以不要评价对错。这个规则不仅适用于亲子之间，也适用于你和所有人之间。必要的时候，你可以拒绝对方，这是你的界限，但拒绝无关对错。当我们非常清晰地明了自己的界限，也不太可能去触碰别人的界限。

有些人对自己的感觉不敏感，那就要留意自己的行为。如果别人请你帮忙做某件事情，虽然你口头上答应了，但是一直找各种借口拖延，甚至故意唱反调，就说明这件事情引起了某种不舒服的感觉，提示着你自己的界限被侵犯了，要重新审视别人的求助。

法则二：

避开界限不清的误区

了解了什么是界限，那在日常生活中，界限不清有哪些典型的表现形式？又该如何判断自己在人际关系中是否界限不清呢？

我们常常说事情分为3种：自己的事，别人的事，老天的事。自己的事，自己完成，不能依附别人；别人的事，别人完成，你只能建议、尊重、接受，但不能干涉；老天的事，无法左右、无法抵抗，成或者不成都看运气，只能接受。一个人若能清晰地划分这3种事情，可谓界限分明，行事干脆利落，在人际关系中也能左右逢源。如果不能清晰划分，则属于界限不清，会常常把自己的事当作别人的事，把别人的事当作自己的事，把人的事当作天的事，把天的事当作人的事。

下面我们具体分析一下几种典型的界限不清误区。

/随意入侵别人的界限而不自知/

人际关系中界限不清最典型的表现就是把别人的事当成自己的事，肆意入侵对方的空间。这就好比跑到别人的“田地”里种菜、锄草，还振振有词：“我这样也是为了你好呀。”这在亲子关系中表现得尤其明显。而在亲子关系中，除了不随意侵犯孩子的界限，父母还应该随时有一个觉察：孩子是不是在主动邀请你跨过他的界限，帮他做一些本该由他自己做的事情。对这种情况，要及时喊停。

举个例子：

> 某天一大早，大概8点多钟，我儿子打来电话，说他记得本来有两张报名的表格放在书包里，可是找不到了，让妈妈帮他找一下。那两张表格很重要，是他报名参加学校的艺术课和第二语言的课要用的，当天必须交上去，他很着急。那两张表格前几天是放在书桌上的，孩子妈也看到过，但现在桌上并没有，就让儿子在书包里再好好找一下。儿子就说：“妈妈，如果找不到的话，我明年就不能参加这些课程了。”事实上，这句话传递了一种信息：如果妈妈帮不了他，那妈妈也是有责任的。孩子妈立刻觉察到这个信息：儿子在把她拉进去。她就很清晰地告诉儿

子："如果真的参加不了，那责任也需要你自己承担。"儿子似乎有些伤心，在电话里沉默了一会儿，说："好吧。"然后挂了电话。5分钟后，他又打来电话，说："妈妈，我在小篮子里找到了。"事实上，正因为孩子妈清晰地划分了责任，儿子才能意识到那是他的事情，并积极寻找解决方案。

这就是一个界限问题：有些事情是属于孩子的，需要他自己去承担和解决。在这一点上，很多父母容易犯一个错误：孩子很难过，必须为他分担，或者为他做一些什么事情去弥补。事实上，理智的做法是，我们只是旁观，并且告诉他：你自己造成的后果，必须自己去体验、承担，我可以在这陪伴、守候你，但我不能过多介入。

/过于重视别人的感受，不敢拒绝/

与第一种无知无觉地侵犯别人的界限相反，界限不清的第二种典型表现是：任由别人侵犯自己的界限而不自知。这种人往往是大家眼中的"老好人""乖孩子"。他们不清晰自己的界限在哪里，界限被侵犯时也常常没有什么感觉，而只有当这种侵犯变本加厉，达到了他们所能忍受的极限时，他们才会突然爆发，然后又为这种爆发而感到羞愧和后悔。

有位女士曾经跟我诉苦，说她在办公室里每天像个陀螺一样转个不停，忙的都是别人的事情，自己的本职工作常常没时间做，最后不得不加班。“好像谁都可以支使我，总有同事顺口说，××，帮我复印一下这个资料、帮我给人事部送个函件……”一些明显谁做谁受累、做好了没有功做砸了还背过的棘手事情，也总会落到她的头上。她很不情愿地做着这些事情，觉得心里的小火苗突突地向外蹿：为什么我必须为你们去做这些事情？我问她，那你为什么不拒绝呀？她的回答是，那怎么好意思呢，他们找我帮忙也是看得起我，要是我拒绝了，他们以后不理我了怎么办？

这位女士对自己的困境其实是有所觉察的，只是内心缺少力量，不知道该如何拒绝，也担心拒绝之后会让自己的人际关系陷入困境。比她更甚的是，我们中更多的人是生活在关系的一团乱麻中而不自知，他们允许别人进入自己的生活，把一切搅得乱七八糟，同时，他自己也像藤蔓一样缠绕进别人的生活里。他们知道自己的生活很不对劲儿，但哪里不对劲儿呢？他们不知道。

电视剧《欢乐颂》中的樊胜美就是一个典型。

樊胜美出生在一个贫困家庭，父亲瘫痪在床，母亲重男轻女，哥哥混账，嫂子自私，一味地要求她为这个家庭付出。在剧中，樊胜美不止一次地接近崩溃，她对母亲说："我也是你亲生的，你有为我想过吗？"可是，母亲却总是对她说："我知道你不容易，可是家里这个样子，你忍心不管吗？你可不能不管啊！"她不知道该如何拒绝，也不敢拒绝，于是，只能一次又一次地牺牲自己，去满足母亲那些完全不合理的要求。在她的世界里，完全没有她自己，她出卖自己的肉体和感情，想要钓一个金龟婿；她将别人送的名牌包卖掉，换成钱寄回家里；听到父母被催债的胁迫，在楼梯间哭得不能自已，恨自己为什么那么没用，不能解救家庭的困境……她把每一段生命中重要关系那头的人，都扛在自己肩上，完全不管自己是否能够承受，即使已经到了崩溃的边缘，也对母亲说："妈，你偏心我不怪你。"

不懂得捍卫自己的界限与不尊重别人的界限，其实是界限不清的一体两面。关系的"被侵入者"，常常也是关系的"侵入者"，所以我们看到，樊胜美在任由家人肆意侵入自己生活的同时，也总是过度卷入周围朋友的遭遇中去：好朋友被渣男欺负，她撸起袖子就去砸对方家；朋友因故被男朋友甩了，她会到对方楼下，找他谈心，试图帮他们挽回这段感情；对待自己的爱人，她更是如藤蔓一样缠进对方的生活，疯狂无度地索取。

很多人喜欢樊胜美，可能就是因为他们从樊胜美的身上看到了自己的影子，樊胜美的那些“疼”触动了他们的内心。他们从小被父母要求“懂事”“乖巧”，对父母言听计从，唯恐自己的拒绝和反抗让他们失去父母的爱；进入成人世界以后，面对别人不合理的要求也不敢说“不”，一味地隐忍，还总觉得自己不够好。他们听不到自己内心的声音，有意无意地忽视自己的需求，成为被情感勒索的对象。他们在面对困境时也不懂得求助，假装自己很坚强，打落牙齿和血吞，却常常忍不住在最亲近的人面前爆发。

/处处取悦别人，不敢发出自己的声音/

这种人常常会被认为具有“讨好型”的人格特征。他们很害怕给别人添麻烦，觉得给别人添麻烦是一件很过意不去、很愧疚的事情。当他们获得帮助时，往往会表现得受宠若惊，感觉自己承受不起或不配得到别人的帮助。他们不敢发出自己的声音、表达自己的需求，同时在面对别人的要求时，很难拒绝别人，即使当他们意识到别人的需求可能不合理，也无法拒绝，因为他们害怕一旦拒绝别人，别人就会对他们不满，对他们有很差的评价。

举个例子：

我有一个学员，长得很漂亮的一个女孩子，人也聪明，但是感情一直不顺。她很苦恼地对我说："我对他们真的很好呀，凡事都会考虑他们的感受，他们不喜欢的事情，我都不会去做，会尽可能地去满足他们的要求，为什么他们还是会一个个地离我而去呢？"

这个女孩子所面临的问题恰恰是她总是不断地去满足他人，总是根据对方的需求来调整自己的行为，她的自我价值体现在别人对她的评价上，这导致她不敢在交往中表现真实的自己。这种人在生活中往往会界限不清。一方面，他们会守不住自己的界限和原则，任凭对方不断地突破自己的底线而不进行任何反抗。另一方面，他们也容易突破别人的界限，希冀着别人为他们过度负责，以此建立过度亲密的关系，同时也常常会因为别人不能满足他们的期待而受伤。

如果一个孩子具有这种讨好型的人格，一般来说，这个孩子的父母都有着很强的控制欲。在这种家庭里，孩子的一切都必须围着父母的需求转，孩子不能有自己的想法和意见。一旦孩子不能满足父母的需求，父母就会通过指责、批评、打骂的方式去教育孩子。渐渐地，孩子内心的声音被完全泯灭，他们变得胆怯畏缩，不敢表达自己的需求，同时觉得自己必须讨好父母，因为只有讨好父母，自己的日子才会好过一点儿。等他们长大，讨好父母的模式就变成了讨好所有外部世界的人的模式。

/缺少独立性，习惯于依赖某个人/

前面我们提到的界限不清的3种表现，大致说来，都是把别人的事当成自己的事，现在我们要谈另一种典型形态：把自己的事当成别人的事。这种人通常独立意识不够，凡事想着依赖别人。

“妈宝男”就是这样。

有位女士跟我吐槽，说她和男友约会，明明是两个人相处，却总感觉男友的妈妈“如影随形”。两个人出去玩一天，男友的妈妈得打过来十多个电话，问的无外乎在哪里玩、吃的什么、玩得开不开心之类，而男友也会事无巨细地向妈妈汇报。要是过了晚上10点还没回去，妈妈的电话更是一个接一个：“儿子，你啥时候回来？”

妈妈黏着儿子倒也罢了，让她更烦的是，她男友也黏着妈妈。男友的口头禅就是“我妈说”——“我妈说，不要轻易相信人，人心隔肚皮。”“我妈说了，女孩子就应该乖巧懂事，孝顺老人。”“我妈说了，将来我结婚，一定要在五星级酒店里摆酒，不然显得寒碜，被人瞧不起。”“我妈说了，以后要生两个娃，一个孩子太孤单。”

更可气的是，有一次他们约好了一起吃自助餐，都到了约定的地点了，男友临时变卦，跟她说：“我妈说了，这个酒店的自助餐太贵了，并且不好吃，旁边有个中式餐厅不错，我妈已经在那里订好位置了。”这哪里是两个人谈恋爱，分明就是谈一场三个人的恋爱。

当孩子3岁的时候，事事依赖父母，大事小事都要和父母商量，这是正常的，但当孩子18岁、28岁了，还事事受父母指挥，那就是不正常的了。如果父母总是要求孩子什么事都跟自己汇报，这看起来是一种爱，实际上是一种操控，一个被别人操控的人，必然是没有自己的独立性的。

同时，作为一个男人，如果和一个女人的关系过于亲密，那么就很难再和另外一个女人建立亲密关系，比如，如果和妈妈过于亲密，那么就很难和你的爱人建立亲密关系。妈妈对孩子的爱是没有错的，但是作为妈妈要明白，让孩子成为一个独立的人，才是一种良性的爱。我们总是说，养育孩子是否成功就是看这个孩子未来在他的婚姻里是否幸福。如果一个男人走进婚姻了，但是他的婚姻里总是还有妈妈的影子，一个女人结婚了，面对自己男人的时候还要和另外一个女人纠缠不清，这就存在一种畸形的关系，婚姻就难以幸福，那么你对孩子的养育就是不成功的。

法则三：
让家庭序位回归正常

我们在说界限时，通常是放在人际关系中来说的。界限不清的人，通常知道一味地迁就对方是不对的，但没有勇气拒绝。他们会认为，建立自己的界限就是将对方推出自己的世界，会伤害彼此的关系；他们也会担心，如果过于关注自己的感受，是不是就代表自己是一个很自私的人。在种种担心的背后，其实是害怕被抛弃的恐惧，这种恐惧源于幼年时自我意识的建构不够完整。因为内在力量不充足，探索外界的行为就变得不可测，外在的空洞会映射在他的行为中。具体到人际关系中，就是一个人如果不能真正地尊重自己，也就不能真正地尊重别人。

一般来说，自我意识的建构不够完整的人，在人际交往中，最重要的心理特点有两个：一是认为别人的需求很重要，会迎合对方，过度为他人着想，认为只有被对方所需要、所认可，才能体现自己存在的价值，因此会在人际关系中诚惶诚恐、如履薄冰；二是不了解自己的感受和需求，会不自觉地压抑自己的感受，也很难表达自己真正的需求，当被问到你到底想要什么时，只能告诉对方你不想要什么，却无法告诉对方你真正想要什么，因此常常会在沟通中陷入困境。另外，因为不了解自己的需求，常常会莫名其妙地发脾气。

界限不清的人，这两种心理特征往往兼而有之。

这种心理的产生通常与父母的教养方式有关。界限不清的人通常会有一对控制型的父母，这样的父母经常会说："你再不听话，我就不要你了。"每个孩子生命的早期都需要依赖父母的照顾，父母的爱是孩子生存的基础和保障，它是如此重要，如果父母给予孩子的爱不是无条件的，孩子就会学会取悦父母，从而获得更多的爱。他们会认为，如果不听父母的话，父母就会离开他们。

我们前面提到，孩子依赖于父母对自己的评价逐渐形成自我认知，控制型的父母往往会认为孩子不应该有自我，他们会说："小孩子嘛，懂什么，听我的就对了。"孩子想去尝试某件事情时，他们会说："你不会的，你不敢的，还是我来帮你吧。"当孩子有了反抗意识时，他们会说："你长大了，翅膀硬了对不对？"对孩子的自我意识施压。因为从小不被允许表达自己的合理感受和需求，孩子对于自我的认知会一点点被打碎，对自我价值产生强烈的质疑，越来越不敢相信自己的感受，会变得焦虑、自责、自我厌恶，长大后也会依赖于外部的评价，自我价值感很低，既不懂得尊重自己，也不懂得尊重环境和他人，从而变得界限不清。

/母婴关系分离是孩子独立的开始/

没有自我意识的人，通常就没有清晰的自我界限。那么这种自我意识，或者说自我界限，是怎么产生的呢?

界限其实是在关系之中产生的，也就是说，我们在与他人以及环境的互动中产生了自我意识，有了界限的概念。刚刚出生的婴儿没有界限的感觉，它是后来慢慢形成的。

我们知道，在0～3个月甚至6个月的宝宝眼里，妈妈并不是一个独立的存在，他所看到的妈妈，只是一个温暖的怀抱和散发着奶香的乳房。他只是感觉到，我一哭闹，温暖的怀抱就过来了，然后奶水就会出现。对于刚刚出生的婴儿来说，当妈妈抱他、喂他吃奶的时候，他并不会认为是妈妈在抱他、喂他吃奶，而是认为，这个怀抱和奶水是我的一部分，是我的哭闹带来的，所以它是我的，是我自己创造出来的。这种感觉就是我们常常说的母婴一体，是一种不分你我、没有界限的感觉。

在这个母婴一体、没有自我界限的阶段，母亲对于婴儿的无条件满足非常重要。比如说，他饿了，用哭声表示想吃奶了，这时妈妈能不能说“我现在心情不好，不想喂奶，等我心情好点儿了再喂你”呢？当然是不行的。婴儿的感觉里，妈妈和他是完全一体的：我冷了，就有人来抱我；我饿了，就有人来喂我；我尿了，就有人给我换纸尿裤。他不会认为这些行为的出现是有人观察到他冷了、饿了、尿了才做出的反应，他的感觉就是，我无所不能。每个妈妈都是宝宝的安全港湾，不仅仅是及时回应宝宝的生理需求，让他吃饱穿暖，更重要的是，要让孩子感觉到妈妈一直都是在那里的，妈妈是可以被他“控制”的，是可以随时获得的，只要他希望妈妈出现，妈妈就真的出现了。当妈妈完全被婴儿“控制”的时候，婴儿这种全能、自恋的感觉会得到充分满足，他会很自信，觉得自己有能力应付所有的事情。

妈妈不仅要及时回应他的生理需求，还要及时回应他的情感需求。有一个非常温暖的数据，当宝宝吃奶的时候，最开始视线能及的范围，正好是妈妈的脸。对于他们来说，妈妈的脸就是全世界。

唐纳德·温尼科特[1]曾经提出过一个概念，叫“抱持性环境”。意思是让婴儿有一种被“双臂环绕”的被抱持体验，它不仅仅是身体层面的体验，还包括情感情绪被抱持的体验。例如，当宝宝看着你，跟你笑，跟你互动的时候，妈妈需要做出情感上的回应。这时，妈妈需要有“镜映”孩子的能力。所谓“镜映”，简单地说，就是如镜子一般将孩子的感受反射回去。当宝宝感觉快乐的时候，妈妈去反馈宝宝的快乐；当宝宝感觉难过的时候，妈妈去反馈宝宝的难过；当宝宝感觉悲伤的时候，妈妈去反馈宝宝的悲伤。通过母亲的这种“镜

[1] 唐纳德·温尼科特（1896—1971），英国精神分析学家，主要研究父母—婴儿关系等。

映”，宝宝会感到自己是如何存在的，妈妈眼中的他是什么样子的。他会不断强化这种感受，慢慢形成他的自我核心的人格。母亲的“镜映”能力对于孩子建立安全的依恋关系非常重要。

与抱持性环境相对应的，是无反应环境。意思是说，如果妈妈对于宝宝的需求没有情感方面的反应，以一个没有表情的状态出现在宝宝面前的话，宝宝就会非常恐慌，他会觉得这个世界是没有爱的，是没有人可以理解他的，这样宝宝的自体是破碎的。自体破碎的宝宝会发展出两种情况：一种情况是，当妈妈没有表情的时候，宝宝觉得没有人可以满足他的需求，他需要自己去满足自己，从而显得自大；另一种情况是，宝宝会觉得妈妈没有表情，是妈妈不开心了，而这是我导致的，不断强化后形成自卑的心理，会认为自己是一个没用的人，是不被世界所接受的。而不管是自卑还是自大，自我意识的发展都是不完整的。

随着宝宝慢慢长大，这种没有界限的母婴一体的感觉，会被一种模糊的不太清晰的界限感所替代。这时婴儿可以模模糊糊地感觉到，哪些是妈妈的，哪些是我的。例如，和妈妈玩游戏时，妈妈笑了，处于全能自恋期的宝宝会认为，妈妈笑了是因为他控制了妈妈，他发了一个信号控制了妈妈，这个过程是他自己完成的。而等他长大一点儿，他会慢慢地意识到他和妈妈是两个不同的人，原来做游戏时妈妈笑了，不是因为他控制了妈妈，而是妈妈对他的行为做出了一个反应，妈妈是独立于他之外的。他开始对除了母乳以外的食物感兴趣，也开始对除妈妈以外的人感兴趣，他慢慢开始有了一个向外探索的意愿，开始学着与除了妈妈以外的第三个人发生联系。

一般来说，在婴儿的全能自恋期，被满足得越好的孩子，内心的安全感就越强，与母亲的分离就越容易。反之，如果孩子在全能自恋期很少被看见、被满足，他就会停留在和妈妈共生的状态，很难与母亲分离。

我们说分离，并不仅仅是指一个孩子可以离开妈妈，可以自由地去玩耍，与除了妈妈之外的第三人建立联系。分离，更多的是一种心理上的分离。这种心理上的分离，可以让孩子越来越多地体会到一个人作为独立个体的存在。

分离是有创伤的。如同孩子与母亲的第一次分离，孩子从母亲的子宫中分离出来，是经过狭窄的产道生出来也好，通过剖宫产抱出来也好，这种从与母亲的共生状态中被分离出来的体验，对小婴儿而言都是非常恐惧的。他们来到这个陌生世界，这里的环境与他以前生活的环境完全不一样，他必须适应新的环境，又无法用语言来描述这一辛苦的适应过程。现代心理学家用“出生恐惧”一词来描述婴儿心理生活中这一重要而决定性的时刻。这是一种无意识的恐惧，例如你把刚出生的婴儿放在水里洗澡，会发现他们会做“抓”的动作，好像害怕自己掉到地上一样。这是一种恐惧的典型反应。

心理层面与母亲的分离在宝宝1岁之后就开始了。分离过程中孩子感受到适度的挫折，或者说成长创伤，这在他们的成长路上是不可避免的。但在父母的潜意识里，其实是害怕孩子抛弃自己的，这会让他们不自觉地阻碍孩子探索世界走向独立的脚步。

以宝宝学习走路为例。我们可以观察到，儿童尝试走路的时候，仿佛是受一种不可压抑的动力驱使，一往无前。正是由于这种不达目的不罢休的劲头，让成人觉得很害怕，他们会在儿童的身边布置防范措施，例如，担心他们摔倒了会痛，用学步带或学步车束缚他们，或者在地上铺满软垫，把那块他们认为安全的区域用栏杆围起来，等等。父母并没有意识到，这种防御心态，他们认为是为孩子好，其实会投射性地让孩子认为世界是危险的，他是随时随地需要父母保护的，当他慢慢接受了这样的潜意识之后，就变得不愿意去探索世界了。

自我界限的形成与这种分离的过程休戚相关。孩子与母亲在心理上慢慢地拉开一个距离，慢慢地发展出他的自主性，慢慢地变得更加独立，知道我是谁、我想要什么。这个过程是一步一步完成的：从妈妈的怀抱离开，学会爬，学会站，学会走。这个分离的过程是令人兴奋的，同时也是充满矛盾的。

对妈妈和孩子来说，这都是很不容易的一个过程。在这个过程中，经常遇到的“麻烦”就是妈妈总是越俎代庖，不能准确捕捉到宝宝的真正需求，以“我为了你好”的名义，事无巨细地为孩子安排一切事情。比如，我们看到一些很大的孩子在父母那里，仍然是衣来伸手、饭来张口，这其实就是父母和孩子没有办法完成分离的一种典型表现。本来是该孩子自己做的事情，父母都去替孩子做了。这种跨越了界限的爱，反而会一次次剥夺孩子成长的机会。这样在父母照料下长大的孩子，离开了父母之后，是没有办法独立生存的。即使是他们看起来在过自己的生活，过的也是父母的人生，而不是自己的人生。

在这个阶段，孩子和妈妈的边界常常是不清楚的。通常是一部分分开了，一部分好像还黏在一起。例如，孩子刚刚开始独自玩耍时，常常会在妈妈视线所及的范围内，他独自玩一会儿，会回头看看妈妈还在不在，妈妈还在那里，他就又开始玩。有时候，他会跑回妈妈身边，在妈妈的怀里黏一会儿，然后再离开，继续探索外在的世界。如果妈妈能够适当地满足孩子的需求，给予孩子必要的支持，让孩子一方面感觉到来自妈妈的全然的爱，另一方面又有足够的发展空间，没有被限制的感觉，孩子就会越来越安然地去探索外在的世界，越来越独立。

一个人在母婴关系中的分离越好，他就独立得越好，越知道自己还有他人的边界在哪里，越容易得到一种满意的关系。

/孩子经由父亲走向社会/

我们在前面谈到，界限是指事物之间的分界。我们说界限，一定会分为界限以内和界限以外，界限以内是我们的自我空间，也就是自我意识，包括自主、自尊、自信、自爱等。这种内在自我的构建完成得好不好，很大程度上取决于母婴关系好不好，尤其是0～3岁时的母婴关系。这个阶段母婴互动的模式会沉入人的潜意识深处，成为孩子成长路上的背景音。而界限以外，涉及的是我们与他人的关系，3岁以后的孩子开始走入幼儿园，他开始在群体中生活，这里就会有规则。所谓规则，就是我们在分享有限的资源时的某种约定，例如，我们走在马路上，必须遵守交通规则。

规则的本质在于，当我们内在的构建非常充分时，我们会真正地尊重自己，进而尊重环境，尊重他人。例如，当我们在一个非常美丽的公园里游玩时，是想拥有一个美好的环境放飞心情，如果我们充分尊重自己的需要，就会自觉地爱护那里的一草一木，不大声喧哗，让别人也能享受到这个环境所带来的美好感受。真正的遵守规则，就是发自内心地尊重自己所在的环境，由己及人，在满足自己需求的同时，也满足别人的需求，而不是因为某种外在的压力被迫遵守某种规则。也就是说，当我们谈到建立界限时，不是限制对方的行为，而是限制自己。建立界限是表达自己的感受和需要，而不是控制对方。

虽然我们一再强调，外在界限是内在界限的投射与延伸，但并不是说，只要内在界限构建好了，我们就能自然而然地具有良好的规则意识。孩子在成长过程中，这种规则意识的形成是需要父母引导的，而相对于母亲，父亲在建立规则的过程中具有更重要的意义。著名心理学家艾瑞克·弗洛姆[1]认为，父亲的世界是“法律和秩序的世界，纪律的世界”，所以在谈到给孩子建立规则，或者树立界限时，一定不能忽视父亲的作用。

我们前面说过，母婴分离得越好的孩子，界限意识就越清晰。但是很多人终其一生都没有真正与母亲分离，而最好的分离方式，就是妈妈牵着孩子的手，放在爸爸手上，然后经由爸爸，让孩子走向社会。

我们知道，人的一生有两次分离：离开妈妈的身体来到这个世上，是我们人生中的第一次分离，是以身体为界限，剪掉的是生理上的脐带；第二次分离则是指我们与父母越行越远，最终组建自己的家庭，是以情感为界限，剪掉的是心理上的脐带。第二个阶段一般从3岁走入幼儿园就开始了，但有些人终其一生也未能完成。

我们前面也讲过，刚刚出生的孩子，与妈妈是一体的，渐渐地，他开始意识到他和母亲是两个不同的人。当孩子到了6个月或是8个月，开始对除了母乳以外的食物感兴趣时，表示他既对妈妈感兴趣，也对妈妈以外的世界感兴趣，开始有了界限的萌芽。他开始意识到这个家庭除了他和妈妈，还有其他人的存在，例如父亲。他会关注到爸爸，但是这种关注只是偶尔为之，并不持久，他的注意力始终在妈妈那里。到了3岁左右，孩子会越来越多地关注到爸爸，对爸爸的

[1] 艾瑞克·弗洛姆（1900—1980），人本主义哲学家和精神分析心理学家。

行为产生很大的兴趣。例如，他会发现这个人也一天到晚围着妈妈转，并且这个人很好玩，这个人说话的方式、对待我的态度和妈妈不一样，很有趣。比如，妈妈和我说话会细声细气，非常温柔，但是这个人对我说话很大声，并且有时候还弄疼我，他和妈妈连说话的用词都不一样，妈妈说的是“喝水水”“吃奶奶”，而这个人说的是“喝水”“吃奶”。

这个时候开始，孩子就会逐渐和妈妈分离，同时向爸爸认同。3岁之前的孩子是在向妈妈认同，所以这个时候的孩子看不出性别，男孩也像女孩，女孩也是女孩。当孩子开始和妈妈分离，第一次向爸爸认同的时候，同时也认同了自己的性别，认同了妈妈的性别。孩子会发现，爸爸是和妈妈是不同的，爸爸是个男人，妈妈是个女人，并开始对自己感兴趣：那么我呢，我是男人还是女人？而在这之前，孩子的眼中只有妈妈，男人和女人是相对的，就像白天和黑夜，如果一直是白天，那就无所谓黑夜，一直是黑夜，也就无所谓白天，整个世界全部是女人，也就无所谓男人。所以这一次向爸爸的认同，不仅认同爸爸这个人，还认同爸爸的性别、妈妈的性别以及自己的性别。

在这个过程中，男孩和女孩是不一样的。相对来说，女孩第一次和妈妈分离，以及向爸爸认同会比较容易。

而如果是男孩，有的妈妈可能会抓住这个小男孩不放，没能在自己的老公身上得到自己想要的，会潜意识地向这个小男孩去要，她会期待这个孩子来满足本应该由她的老公来满足她的情感。而这个男孩因为天然的对妈妈的爱和忠诚，会迎合妈妈，承担起本来应该由他的爸爸承担的责任。这个时候母子之间的分离就会出现一些纠缠不清，甚至一辈子都很难完成这个分离。只有和妈妈完成分离的男孩，会向爸爸认同，和爸爸嬉戏玩耍，在爸爸身上拿回属于他的男性能量，然后带着爸爸的力量，离开家庭，走向社会。

女孩第一次和妈妈的分离、向爸爸的认同，与男孩一样，但比男孩要容易得多。女孩会和爸爸嬉戏玩耍，向爸爸认同，所以这个时候的女孩在行为举止上像一个男孩，爬高爬低，恨不得站着小便，这些都是正常的现象，她在向爸爸认同。等到了一定的年龄，女孩会发现还是妈妈好玩，妈妈有花衣服，有口红，有化妆品，有各种瓶瓶罐罐，于是女孩会转身再一次向妈妈认同，同时和爸爸分离，最后在妈妈这里拿回属于她的女性能量，离开家庭，走向社会。

但是如果这个过程中爸爸紧紧抓住女孩不放，或者是妈妈因为各种原因，没有向女孩敞开自己的怀抱，成年之后的女孩身上往往女性能量比较弱，男性能量比较强，或者是女孩和爸爸的关系过于亲密，带着对爸爸的爱离开家庭，结婚后虽然有了自己的丈夫，但总会拿他和爸爸比较，总觉得他没有爸爸好，如果婚姻中再经历一些波折，也会出现界限不清的问题。

我之所以说这么多，是在强调爸爸在母婴分离过程中的重要性。母子之间的界限是最容易混淆不清的，因为在生命诞生初期，母亲和孩子是一体的，大多数的妈妈在生了孩子之后也会把精力全部放在孩子身上，这没有错，但是到了一定的时候，还是需要父亲的参与。如果没有这个过渡，孩子要么很难走向社会，要么走向社会的过程中会遇到一系列的问题，例如界限不清。

那么，单亲家庭怎么办？我认为一个高质量的单亲家庭比一个糟糕的双亲家庭要好很多倍。好的夫妻关系确实能给孩子的成长带来很多好处，但是如果夫妻俩实在是没有办法好好相处，那就不要“为了孩子”而勉强在一起。

其实现实生活中并不缺少单亲家庭出生的孩子照样心理很健康的例子，比如美国前总统奥巴马。我们都知道奥巴马是在单亲家庭里长大的，但是这并不影响奥巴马和母亲的分离和心理成长，因为在奥巴马的生命中有一个重要的男人——他的外公。所以如果你是单亲妈妈，那你可以选择家族或者身边的一个男性来代替孩子的父亲，完成这个过渡；同理，单亲爸爸也可以在家族中找一个女性来代替母亲的角色，完成这个过渡。

如果实在找不到这样的人代替，其实还有很多智慧的男人和女人，他们知道什么时候该展示自己的男性能量，什么时候该展示自己的女性能量，在生活中他们既能够扮演父亲的角色，也能够扮演母亲的角色。

经由父亲，孩子与母亲分离，逐渐走向社会。在这个过程中，需要建立规则，来帮助孩子更为理性地看待这个世界，去理解外在社会的规则，并且更好地去适应这个社会。这个过程是由父亲来主导的。

我们前面提到，规则是我们在分享有限的资源时的某种约定，是用来满足双方的需求的。既然是约定，那么我们在家庭中制订规则时，孩子是有权发表意见的。然而很多时候，规则却是家长单方面制订，而孩子要无条件执行。对这样的规则，孩子常常是不会遵守的，那其实是父母对孩子单方面的控制，满足的仅仅是父母自己的需求。

所以，在家庭中制订规则时，应该由父亲作为主导，所有的人参与讨论，每一项规则都必须全体同意才能通过，并且对所有人具有约束力。如果孩子还小，不能参与规则的讨论与制订，也应该在规则实施之前，正式地向孩子介绍这些规则，并由孩子自己来解说这些规则，等他真正明白并认同这些规则时方可执行。

规则一旦制订，所有的人都必须执行，父母尤其应该以身作则。例如，为了保持家庭环境的整洁，任何人不得在客厅里随意放置自己的私人物品。若要求孩子不可以将自己的玩具、书本等胡乱扔在客厅里，首先父母必须做到，在下班回家时，不要将自己的衣服或者包包等随手扔在沙发等公共空间。对于违反了规则的人，要根据事先的约定，承担相应的后果。例如，胡乱放置的东西会被清理到垃圾箱里，父母不能以孩子的玩具便宜扔掉了也没事，自己的电脑很贵重不能扔掉为理由，就此违反约定。如果孩子发现有人不遵守规则而没有承担相应的后果，或者父母自己根本就不遵守规则，那么孩子也会认为，规则不一定要遵守，他就会越来越频繁地违反规则。

当然，规则并不是一成不变的。因为是约定，在执行的时候可以根据双方的需求进行调整，以更好地满足双方的需要。

举个例子：

我儿子11岁，女儿8岁。我们约定，每天晚上8点半他们上床睡觉，8点钟我就会提醒他们洗澡。有时候儿子会玩电脑游戏，我就问他还要玩多久，他有时候说，还要5分钟或者10分钟。可能到了时间他还在玩，这也是正常的。我们大人也会这样，玩着玩着就忘记了时间。对此，其实孩子内在也有一种内疚。这种时候，我通常会把手放在他的肩膀上或者头上，温和地再次提醒他。有时候看他正玩在兴头上，我也不去提醒他，觉得没有必要特别严格地掐着点让他关掉电脑。但即使不提醒，他通常也会打完正在玩的那局就自己把电脑关了。至于他们上了床什么时候睡觉，我们基本上都不会管，除非听到房间里的打闹声，会去敲一下他们的门，提醒他们影响我们的工作或休息了。

规则不是教条，尊重那些特殊的情况，尊重孩子当下的情绪，充满弹性地执行规则，会让孩子更加乐于合作。在制订并执行规则时，我们要谨防出现一种情况，即让规则成为一种桎梏，阻碍孩子情绪的真实流动。一位妈妈就分享过这样一个例子：

有一次，她带孩子去游乐场玩，她的孩子不小心碰到了另一个小朋友，孩子立马很紧张，因为在他的规则里，碰了人一定要说对不起。但另外那个小朋友跑得很快，转眼就跟着家长跑远了。孩子就一直追，还跟妈妈说："妈妈，你跑得快，你赶紧追上她，跟她说对不起。"最后没有追上，他回到游乐场之后，就一直念叨这件事："我碰了她，我没有说对不起。妈妈，我该怎么办？"

我们可以看到，这个孩子已经被规则禁锢了，他只是碰到了别人，别人可能不在意，而这个孩子因为没有说对不起，就觉得这件事没有完结，就像一个程序一样，如果这一步没有完成，对象走了，进行不下去，就死机了，无法再执行下一个程序。这其实是一件多么可怕的事！

所以，并非给孩子立规矩越多，孩子将来就会越好。因为人需要适应社会，需要自己去摸索、感受，当他自己去感受、体验世界，通过直觉把握了某种本质时，他适应环境的能力就会更灵活充分，处理事情少制约，多洞见。

/防止亲子关系的倒置/

我们知道，一个家庭中的序位是非常重要的。所谓序位，就是在家庭关系中，每个人都要有自己的位置，家庭序位最重要的原则是夫妻关系大于亲子关系。我们常常说，夫妻关系是家庭关系中的定海神针，就是这个意思。但中国家庭中，夫妻关系常常让位于亲子关系，父亲或母亲与某个子女间形成了过分亲密的纠缠关系。出现这种情况的家庭往往夫妻关系不够好，关系中的一方不能从伴侣身上寻找到情感满足，因此将这种情感需求寄托在孩子身上，以爱之名，形成了亲子关系的倒置。

这种倒置的亲子关系有几个方面的表现。

第一种，父母的一方在孩子身上寻求陪伴和亲密的感觉，让孩子成为配偶的替代品。我们生来就有被爱、被认可的情感需求，我们希望生命中能有一个人，可以真心地欣赏我们，可以一直支持我们，可以分享生活中的喜怒哀乐。正常情况下，这种情感需求该从伴侣那里获得，事实上很多中国家庭中，因为夫妻感情淡漠，本应从伴侣那里获取的情感支持很难获取，尤其是母亲。因此，父亲或者母亲会从孩子身上寻求亲密陪伴、自我实现以及情绪的释放等。但是孩子其实并没有能力应对和长期承受这些，进而会产生无能为力的感觉。

第二种，父母没有能力处理自己的负面情绪，因此将这种负面情绪通过语言传达给孩子，让孩子为父母的负面情绪负责。美国的心理学家朱迪斯·西格尔将这种表现称为“情绪勒索”。所谓情绪勒索，就是指“以爱之名，通过要求、威胁、施压、打击、沉默等手段，在亲子、情侣、职场关系中争夺控制权” 。

在中国家庭中，这种情绪勒索现象屡见不鲜。下面这些话语你是不是很熟悉?

“要不是为了你，我老早就跟你爸离婚了。”

“我这样做还不都是为了你好。”

“当初我就不该把你生下来，自从有了你，生活变成一团乱麻了。”

“我对你这么好，你怎么可以离开我呢？”

“你要不是我生的，我才懒得管你呢。”

这些话语，就属于情绪勒索，常常会让孩子感到焦虑不安，心中充满愧疚与罪恶感。父母对孩子进行情绪勒索的目的，当然就是为了控制，让孩子听话，变成父母想要的样子。对孩子进行情绪勒索的父母，通常无法处理自己的情绪，因此会借着一些小事，将情绪全部发泄到孩子身上，让孩子背上沉重的心理包袱，甚至想从父母的身边逃开。

来看一个案例:

我有一个朋友，他的母亲脾气很坏，一点儿小事就会情绪失控，小时候父母经常吵架，后来就离婚了。他跟着母亲，现在已经快四十岁了，还是没有结婚。他也不是不想结婚，是没法结。因为他交往的每个女友，他母亲都不满意，总是百般挑剔。其中有个女友，两个人感情很好，都要谈婚论嫁了，可他母亲死活不同意，威胁他说："你要是敢跟那个女人结婚，我就死给你看。"他想搬出去住，母亲也不同意，在家里大哭大闹，说他没有良心，自己辛辛苦苦将他拉扯大，他有了本事就不管老娘，还在家庭微信群里对他进行各种谴责。他想要追求自己的幸福，又心疼母亲这辈子不容易，不想违逆她的意思，这让他觉得非常痛苦。

这是一种典型的母子共生关系，母亲将孩子置于配偶的位置，对孩子进行各种情感勒索。在这样家庭中长大的孩子，往往界限不清，不敢追求自己的幸福，即使走进了婚姻，也很难在婚姻里活出自己。因为他小的时候听妈妈的，完全被妈妈控制，完全为妈妈而活，当妈妈不开心的时候，他也不敢开心。这样的男人在两性关系中，很容易把对妈妈的感觉投射到妻子身上，把妻子当成妈，他可能会对妻子百依百顺，但是他内心会有一个声音："你要什么，我就给你什么，可你怎么还不满足？"仔细体会一下，这句话是不是更像是一个被妈妈控制已久的孩子不敢对妈妈说的话？

一个在生活中紧紧抓住孩子不放的妈妈，自己心里的安全感是缺失的。可能是自己的成长经历让自己有了这个缺憾，那么当她带着这个缺憾走进婚姻的时候，这种不安全感可能会吞噬自己的丈夫，她的丈夫作为一个成年人，是不会让另外一个人来掌控自己的，这个成年人是有力量反抗的。这种反抗有可能让两个人重新认识自己，重新修复各自的创伤，也有可能是关系破裂，或者是把这个成年男人逼到另外一个地方去，比如将情感寄托于工作，或者是兴趣爱好。在这种情况下，生了孩子之后，这个女人自然就会去控制自己的孩子，特别是生了男孩的妈妈，更容易无意识地通过控制这个“小男人”来消除自己的不安全感，从而让这个孩子失去成为一个独立个体的机会。

/学会放手/

要建立清晰的界限，让家庭序位回归正常是非常重要的。简单地说，就是孩子的事情由孩子负责，大人的事情由大人解决。

我们前面提到，界限不清的孩子通常会有一对控制欲非常强的父母。如果想让孩子建立清晰的界限，父母必须学会放手，让孩子为自己的事情做主，也就是要让家庭序位回归正常。

关于这一点，我们已经讲了很多，这里不再赘言。要特别指出的是，大人的事情要由大人来解决，特别是情绪，我们必须清晰地觉察到自己的情绪，并处理自己的情绪，而不应该借机对孩子进行情绪勒索，让他们背负上本不属于他们的重负。

我们来看一个例子：

有一位爸爸，他的孩子出去游学一整天，没有喝水，他心疼孩子，又有些生气，觉得孩子一点儿都不懂得照顾自己，于是产生了各种情绪，便忍不住责怪孩子。原来孩子早上走的时候水杯忘在教室了，所以才一整天都没有喝水。他跟孩子说，你怎么不找同学借点儿水喝，或者请求老师帮助你呀？孩子说嫌丢人。这样不懂得照顾自己的孩子，真是让人又心疼又生气。

很明显，在这个案例中，这位爸爸的情绪是他自己的，虽然由孩子的事情引发，但与孩子没有关系，孩子只是没有带水，跟其他人借觉得不好意思，如此而已。爸爸产生的心疼、生气等各种情绪，都是他自己的问题，不应该怪到孩子头上。其实如果认真觉察一下，我们平常与孩子发生的很多冲突，与孩子的行为都没有什么关系，是我们自己的情绪被引爆了，不自觉地把火烧到孩子身上。这种情绪勒索，其实是侵犯了孩子的界限，更是影响正常的家庭序位的。

法则四：
必要时对孩子说“不”

在情绪篇里，我们提到，要欢迎孩子所有的情绪，例如用一个“镜像反射”将孩子的情绪反射回去，这会让我们真正地看到孩子。但是，欢迎孩子所有的情绪，并不意味着对孩子一味地妥协或纵容。因为亲子关系中存在着界限，父母的事情和孩子的事情要区分开来，才能帮助孩子建立清晰的自我意识，从而健康成长。所以，必要的时候，我们必须要对孩子说“不”。

那么，应该如何对孩子说“不”呢？

/体察孩子情绪背后的需求/

每个人无论做什么事情，都是为了满足某种需求。比如，上班，至少可以让我们赚到钱，解决最基本的生存问题；读书学习，是为了更好地成长，做更好的父母和自己，更好地与人沟通。

人本心理学家马斯洛将人的需求分为5层（有些版本是7层，原理一致，兹不赘述）。第一层为最基本的生理需求，例如吃喝拉撒；第二层为安全需求，即寻求保护与免于遭到威胁，从而获得安全感的需要；第三层为社交需求，即寻找归属感和爱的需求；第四层为获得成就感、自尊自爱及被他人尊重的需求；第五层为自我实现的需求。马斯洛认为，人类的多种需求在不同的时期表现出来的迫切程度是不同的。最迫切的那个需求才是激励人行动的主要动力，当低一级的需求被满足后，会自动向高一层级的需求迈进。总的来说，这种需求是从外部得来的满足逐渐向内在得到的满足转化。

理解了需求层次理论，我们可以更容易体察孩子行为背后的需求。孩子刚出生时，吃喝拉撒是他的生理需求，如果渴了、饿了没有人理他，他的安全感就会被破坏。而当大人过多地满足他的要求时，孩子则会丧失这个驱动力。例如，有些孩子经常被追着喂饭，胃口往往就不太好。当孩子的生理需求完全得到满足时，他会产生安全感的需求，例如父母温柔的拥抱、抚摸、注视和陪伴等。等到孩子3岁后，他的社交需求表现得越来越明显，所以这个年龄的小朋友需要入园，学会交友，适应集体生活。当孩子长到6岁，他开始越来越多地有被尊重和自我实现的需求，希望得到父母和老师的肯定。如果父母在这个阶段习惯性地否定孩子，孩子的自尊心经常被打击，长大后很容易自我价值感低下。

当孩子的某种需求没有被及时满足时，通常会产生某些负面的情绪。例如，婴儿饿了会哭闹，上幼儿园的孩子与同伴闹矛盾了会不开心，上学的孩子被老师批评了会觉得沮丧，等等。所有的负面情绪都提示着孩子有某种需求没有被满足，看到孩子的情绪，其实就是要看到孩子情绪背后的需求。一旦这个需求被看到了，父母就可以选择是否满足、如何满足，而不是纠缠于孩子的情绪，甚至被孩子的情绪所引爆。

再来看看我们在沟通篇提到过的那个案例。

有一次，我儿子在睡觉前突然很伤心、生气。我问他原因，他说："我要睡觉了，可你都不来帮我关灯。"因为以前他睡觉前都是我帮他关灯，所以我马上走到他的房间，帮他把灯关了。但是儿子突然又嘟囔了一句："你从来也没对我好过。我马上生日了，来的朋友也不多。还有，我很讨厌写作业。"

正如我们前面分析过的，在这个案例里，孩子的思绪从一件事情跳到另一件事情，非常混乱，毫无逻辑可言。但很显然，在他的这种情绪化的表达里，隐藏着某种未被满足的需求。通过积极聆听，我了解到他对我的不满其实是因为他觉得我陪妹妹的时间太多了，觉得我爱妹妹更多。同时，因为这学期我给他新报了好几个课外的培训班，课程压力比较大，他觉得有些吃不消。当我了解到这些后，我跟他解释，最近陪妹妹比较多，是因为妹妹生病了，我保证还是如以前一样爱他，承诺会尽可能地多陪陪他。同时，针对课业负担比较重的问题，我也向他道歉，是我考虑不周，在没有与他商量的情况下报了太多的课外培训班，承诺酌情调整。他主动表示，既然班已经报了，会坚持都上完。事实上，当孩子的需求被完全看见时，他们通常会乐于合作。

除了要体察孩子，我们也要学会体察自己的需求。人无完人，面对生活的压力，我们总有觉得抓狂的时候，这个时候，我们往往没有力量去倾听孩子，更不用说去体察他们情绪背后的需求。

举一个例子，今天你在公司，老板给你下达了一个任务，这个任务对你来说有点儿挑战性，同时时间又比较紧迫，你会觉得比较焦虑。本来这种适当的焦虑情绪对工作是有好处的，因为它会激发我们的潜能去尽力做好这件事情，但是如果你对焦虑情绪没有觉知，不能体察这种情绪背后的需求，会怎么样呢？

可能当你下班回到家后，由于这种焦虑，陪孩子时就有点儿心不在焉，总想着赶紧把他哄睡，然后继续工作。孩子是很敏感的，他感知到你的这种焦虑，于是变得不安，想寻求安慰，就表现得更加黏人，不肯睡觉，因为一点点小事就哇哇大哭。于是你的另一种情绪就被引发了：烦躁、生气。也许你会把这种情绪发泄在孩子身上，对着他吼：“哭什么哭，都这么晚了，还不睡觉。烦都烦死了。不许哭了，赶紧睡觉。”或许将这种情绪转嫁到老公身上：“你就不能照顾一下孩子吗？没看到他在哭啊。每天回来就抱着个手机看，有什么好看的？”如果刚好老公也是个一点就爆的脾气，一场争吵就很难避免了。加班工作肯定是不可能了，还弄得家宅不宁。

但是如果你对自己的情绪有觉知，并看到这种焦虑情绪背后的需要，你就可以有不同的选择了。你会允许这种焦虑情绪的流露和表达，可以在回家之前就通过合适的方式将它释放掉；可以在回家后告诉老公、孩子你有工作任务没有完成，希望晚上有时间来做这件事情，请他们配合；可以提前告诉他们也许你会对他们比较没有耐心，因为你有点儿焦虑，想尽快完成工作，希望他们能够理解；还可以在自己没有忍住对他们发了脾气之后，对他们解释，这不是他们的错，而是你没有处理好自己的情绪。不管是事先预防还是事后补救，这种情绪都不会伤害到你们的关系。

/“三段式”对孩子说“不”/

在养育孩子的过程中，并不是说我们做父母的要时时处处以孩子为主。如果孩子确实侵犯了父母的界限，你是可以说“不”的。只有当你坚定地告诉孩子哪里是你的界限，孩子才能知道他的界限在哪里。比如，你在地上画一条线，告诉孩子线的左边是你的地盘，那么，孩子自然也就知道线的右边属于他。所以，父母合理地拒绝孩子，也是维护自己界限，为孩子立界限的关键。

有些父母受无条件接纳养育观念的影响，以为接纳孩子就是要接纳孩子的所有行为，处处迎合孩子。这是不可取的。我们说无条件接纳，是要接纳孩子的所有情绪，而不是所有的行为。那些必须被禁止的行为，例如举止不敬、伤害他人、乱摔东西等，即使是在孩子正处于情绪的暴风雨中时，也仍然应该被禁止。你必须立即制止孩子的破坏行为，把他拉到一边，然后进行积极聆听，体察情绪背后的真正需要。

需要注意的是，如果孩子某种情绪的爆发是蓄意的，只是想利用它来操纵父母以达到自己的目的，父母也需要坚决地说“不”。

丹尼尔·西格尔在《全脑教养法》一书中将孩子的怒火分为上层怒火和下层怒火。上层怒火是一个孩子决定发脾气，他使用的是自己的上层大脑，他有意识地选择行动，按下按钮开始恐吓你，直到得到他想要的东西。例如，孩子可能在商场里满地打滚，大喊大叫，说：“我现在就要买这条公主裙。”尽管她的情绪看起来很失控，但是是在有策略地采取行动，希望通过她的情绪来操纵你的行为，以便让你满足她的需求。一旦她的需求得到满足，她随时可以停止发怒。父母需要能够识别这种怒火，通过说“不”来设置稳固的边界。例如，明确地告诉她：“我知道你非常喜欢那条裙子，可是我不喜欢你的这种做法。如果你继续打滚撒泼，你就不能得到这条裙子，并且，我会取消今天在商场里的所有活动，立即带你回家。”如果孩子仍不收敛，你要说到做到。通过坚定的拒绝，设置牢固的边界，让孩子看到其不当行为的后果，并学着用合适的方式去表达自己的需求。上层怒火是蓄意的，当孩子知道这样做不仅没有什么效果，而且很可能导致负面结果时，就会停止使用这种策略来操纵父母。

下层怒火则完全不同。此时，孩子变得心烦意乱，大脑的底层部分，特别是杏仁核占据了主导地位，以至于根本无法使用上层大脑。例如，当你给孩子洗头时，不小心把水弄到了他的眼睛里，他大声尖叫，把玩具扔出浴缸，挥舞着拳头想要打你。这时，他是真的无法控制自己的身体和情绪。面对下层怒火，父母需要更多的耐心，积极聆听孩子的情绪，与他们建立联结，回应他们的需求，待他们平静下来后，再探讨问题的解决方式。例如，你不喜欢洗头时水溅到眼睛里，有没有什么好办法可以避免这一点呢？由下层怒火引发的情绪是真实的，需要父母全然地接纳。关于这一点，我们在前面已经谈了很多，这里不再赘言。

除了对上面所说的两种行为我们必须坚决地说“不”以外，还有一种行为，我们也可以对孩子说“不”，这种行为并不具有破坏性，但是它对我们产生了某种影响，侵犯了我们的界限，让我们有不舒服的感觉。比如，孩子在房间里追逐打闹，弄出很大的声响，让你觉得有些烦心。又比如，你刚刚收拾好房间，孩子又将玩具扔得到处都是。对于这些行为，也是可以说“不”的。

该对孩子说“不”的时候，一定要坚决地说出来。关键是，如何对孩子说“不”。

通常情况下，对于孩子的不当行为，我们习惯于进行指责、说教或者明令禁止，但往往收效甚微，甚至会遭到孩子的反抗。例如，孩子在房间里追逐打闹影响了你的工作，你很容易就会发火：“跟你说过多少次了，在房间里不要跑来跑去，不要大声喧闹，怎么这么不听话？”而孩子正沉浸在自己的世界里玩得开心呢，他搞不清楚你为什么忽然发这么大的脾气，可能稍微收敛一下，不一会儿又开始大声喧哗；也有可能跟你对着干，“我就喜欢这样跑来跑去的，不要你管”；还有可能，他会形成一种认知——爸爸就是见不得我快乐，进而产生一种内疚感。

如果能够敏锐地觉察到孩子的行为对我们产生的影响以及我们的需求，我们就可以换一种方式对孩子说“不”。

举个例子：

有一次，我从外面回来，看到我的两个孩子在房间的地板上玩水。这是我不允许的。以前我可能会说：“我说过不许在这里玩水，你们又玩，怎么这么不听话？”然后噼里啪啦地发一顿脾气。在学习了新的表达方式后，我就跟他们说：“你们在这里玩水，把地板都弄湿了，我要费很大的劲儿才能把这里弄干净，这给我带来了麻烦，我觉得很不开心。”孩子立即说：“那一会儿我们自己来打扫干净。”我又说：“我很担心水会把地板弄坏，因为木地板遇水很容易发霉。”孩子想了想说：“那我们到厨房里去玩。”因为厨房里的地板是大理石的，这件事情就很完美地解决了。

在这个案例里，我只是如实地描述了我所看到的事情（你们在这里玩水，把地板弄湿了），并且表达了我的感受（我不开心，因为把地板收拾干净很麻烦，我也有些担心，因为木地板遇水容易发霉），并没有提出具体的要求，孩子们却积极地想到了解决方案，然后皆大欢喜。

所以，在这里再一次强调，当我们对孩子的行为说“不”时，针对的是这种行为本身，不是行为背后的需求。对于孩子来说，任何需求都是美好的，都是值得被看见、值得被满足的。我们说“不”，是因为孩子表达需求的方式我们不能接纳，或者，我们出于自身的原因，不愿意或者没有能力去满足这种需求。例如，我不能接受孩子在客厅里玩水的这种行为，不是玩水这种需求本身有问题，而是他们满足这种需求的行为（在客厅的地板上玩）让我无法接受。又例如，孩子想买一个玩具，你觉得太贵了，不想买，拒绝了孩子。你可以如实地告诉孩子你的感受：“太贵了。”“妈妈不想买，因为妈妈觉得家里的玩具实在是太多了，都没有地方放了。”或者直接告诉孩子：“妈妈没有多余的钱买这个玩具了。”而不是指责孩子想得到玩具这个需求本身是不合理的。非常诚实地面对自己的感受，如实地表达自己的感受，对彼此的关系是非常有建设性的。

然而，有些妈妈会觉得表达自己的需求特别困难。例如，有位女士说，她老公非常黏她，干什么都想拉着她一起做，她觉得没有自己的私人空间，常常有些烦躁，可是她又担心真实地表达她的需求会伤害老公，因此特别纠结。其实这是一种不必要的担心，当我们如实地表达自己的感受与需求时，对方也就知道你的界限在哪里，他会调整自己的行为，寻找一个让双方都觉得舒服的平衡点。养孩子也是这样，当你没法接纳孩子的某个行为时，明确地表达自己的感受和需求，让孩子知道你的界限在哪里，他就会调整自己；如果一味隐忍，他就会不停地试探。因为界限不分明，孩子心里会觉得恐慌，因为他可以捕捉到你的虚假接纳中所隐藏的愤怒，却不明白你愤怒的原因。同时，你不敢表达自己的软弱也会影响他的性格。

总的来说，当孩子的行为你不接纳的时候，可以用“三段式”信息向对方表达你的不接纳，即：你的行为，对我有什么样的影响，我有什么样的感受。这其中“对我的影响”，其实就是一个很好的划分界限的方法。简单地说，就是对方做这件事是不是真的碍着你了，如果没有碍着你，那你还要对方改变他的行为，就是越界。

当然，这并不是说我们一旦改变了自己的表达方式，孩子就立马变得乐于合作。事实上，孩子是非常敏感的，他们能够准确地捕捉到我们话语里的能量。如果你只是改变了表达方式，潜意识里还是觉得孩子“应该怎么样”，没有真正地尊重孩子的需求，孩子是能够感觉到的。他们会认为你的这种新的表达方式只是另外一种更加隐蔽的操纵他们的手段罢了。孩子天然地具有同理心，只有当我们真正全然地信任孩子，如实地表达我们的感受和需求，孩子才会变得越来越乐于合作。

本章小结

社会和谐的基础是家庭和谐，家庭里有爸爸，有妈妈，有男人，有女人。我和这个世界上所有的男人的关系最初来自我和爸爸的关系，我和这个世界上所有的女人的关系最初来自我和妈妈的关系，以及我如何看待这个世界上男人和女人的关系最初来自爸爸和妈妈的关系。所以，父母在养育孩子的过程中应该是同盟，是最亲密的战友，是孩子人生中最重要的守护者。在生命的初期，妈妈和孩子共用一个身体，随着孩子的出生，这种身体上的分离完成了。随着年龄的增长，孩子开始有自己的独立意识，开始在心理上和妈妈保持界限，对妈妈之外的世界感兴趣，然后开始完全独立于妈妈，作为一个完整的人存在。在这个过程中，孩子会越来越成熟，而妈妈可能会因为各种原因，无法接受“孩子独立于我之外”这个事实，从而产生很多界限不清的问题。所以在和孩子建立界限这个问题上，爸爸起到很关键的作用。母亲给孩子温暖，父亲给孩子指出通向这个世界的路。而孩子，最终是要离开原生家庭，和父母保持界限，走向社会，成为一个社会人的。

结 语

想教好孩子，先做好自己

一个人如果能够很轻松、很顺畅、淋漓尽致地表达自己，并且能够把自己想要表达的表达出来，那是一件多么快意的事情呀。想想你有多少次本来是这个意思，却表达不出来，或者表达出来之后是另外一个意思，又或者对方接收到的那个意思和你想要表达的完全相反？

表达自己是多么的难呀，而准确表达自己从而让别人理解，又是多么的难呀！当我想表达自己，又说不出来，或者是我说出来了，对方听不懂、理解不了，这都会让我有情绪，甚至会破坏两个人之间的关系。

越来越多的案例让我们看到情绪对事件带来的破坏性有多大，所以，给情绪找一个正确的出口对人与人之间沟通的帮助非常大。我们经常挂在嘴边的一句话就是：先处理情绪，再处理事情。没错，是这样的。

那么，你知道如何正确地处理情绪吗?

处理情绪的方式一般分为4种：

第一种，也是最高级的一种，就是把它说出来、表达出来。这个“说”不是吵架的那种“说”，不是恶狠狠的那种“说”。这个“说”，是在一个开放的环境里，在一种接纳的状态中，安全地表达出来，是最好的一种情绪流动的方式。

所以当孩子遇到困难或者是有情绪的时候，第一时间想到的就是和父母讲、给身边最亲的人讲。因为他知道这样讲出来是最安全的，是被接纳的、被允许的。你给予你的孩子这个接纳、这个允许了吗?

第二种处理情绪的方式，是用艺术手法呈现出来，比如画画、弹钢琴、吹笛子等。所以，当你情感丰富的时候，你呈现出来的作品才更有感染力。

第三种处理方式是用肢体动作呈现出来，比如跑步、练瑜伽、打太极、静心等。当然，这些是正向的肢体表现方式，还有一种负向的肢体表现方式，就是打人、吵架等。你吵架的时候会指手画脚，全身肢体都参与进来了。

最后一种呈现方式是让自己生病。我有情绪，但是我不会表达，也不知道用艺术手法呈现出来，更不敢打人，那么，我就打我自己，折磨我自己，让我自己发烧、感冒、浑身疼，甚至抑郁。

所以，将情绪说出来、表达出来是何等的重要呀。而如何更好地表达自己，这个技能是从妈妈那里来的。孩子在妈妈那里学会情感表达，在爸爸那里学会社会规则。当孩子很小的时候，有压力了，不舒服了，第一时间就是跑到妈妈身边，上气不接下气，甚至脸上挂着泪水地告诉妈妈。如果这个时候妈妈能够聆听孩子，那么孩子会将自己现在的这种感觉和语言对应起来，这是伤心，这是难过，这是纠结，然后当下次有类似的体验的时候，自然就能够很好地表达自己。甚至妈妈什么都没说，只是静静地听孩子表达完，当孩子说完了，似乎也没那么难过了。那么孩子就学会了：以后如果我有类似的感受的时候，只要找个人说一说，就舒服了，就没有这么难受了。但是如果妈妈不但没听孩子说，还把孩子打一顿，那么孩子学会的表达情绪的方式就是打人；如果妈妈让孩子憋回去，让孩子自己处理，那么孩子学会的可能就是让自己内伤，让自己生病。

对于孩子来说，因为他们跟妈妈的联结太深，所以他们小时候对妈妈的话、对妈妈的行为，甚至对妈妈的人格都是全盘接受、不加选择的。所以有什么样的妈妈，就会有什么样的孩子，这看起来是因为遗传，实际上是潜移默化的结果。父母如果在养育孩子的过程中能够很好地调整自己的情绪，不但能够让自己接下来的人生过得更有深度，还能在这个过程中影响和帮助孩子。

关于情绪的处理方式，除了上面4种方式，还有很重要的一种，就是我们还可以更新我们的认知系统，就是调整我们的信念。当你内在的“软件”升级了，外在呈现出来的行为自然也就升级了。

比如，以前你可能觉得“养育孩子很辛苦”，当你将信念调整为“养育孩子是很快乐的，我们可以和孩子一起成长”，那么，再次面对孩子的时候，你们的关系将变得亦师亦友，你不但不会厌烦，相反还能从孩子身上学习到很多东西。又或者，你原本对你的爱人有诸般不满，但是当你认识到“人和人是不同的，每个人都有自己的看法”的时候，你就会认真听完你爱人的想法，你也会惊奇地发现对方说的也有道理，甚至最终的结果和你想的一样。这样一来，情绪自然也就没有了，沟通也就顺畅了，家庭也就和谐了。

最后关于界限。人和人之间一旦建立了健康的界限，那么彼此的尊重也就建立了。当我们意识到我们应该和孩子建立健康的界限，那么我们就开始学会尊重对面的那个小孩，就开始把他当作一个独立的个体，而不是我的一个“拷贝”。当我们开始尊重孩子，孩子就会开始独立地思考他的人生，就开始用他自己的智慧面对生活中的一切，成为一个独立的人。

健康的界限，是在彼此包容和接纳的氛围中，平等地沟通，甚至接受彼此不同信念的基础上产生的。所以，当我们处理好我们的情绪，学会正确地沟通，接受彼此的不同的时候，界限自然也就呈现出来了。而当我们不能正确地沟通，彼此都很难控制自己的情绪，又不接受彼此的不同时，我们之间虽然看起来也是有距离的，但是这个界限是不健康的，并不利于我们更好地相处。所以，不管是沟通，还是情绪、信念，都是构建健康界限的基础。

养育孩子，也是养育自己。如果能够经由养育孩子的过程，与孩子一起成长，发现成长的乐趣，发现人生有不一样的体验，也不枉孩子来到这个世间，与我们相处一场。